「未來」即將跟著改變！

未來之法

大川隆法

Ryuho Okawa

前言

正如書名所示，本書中蘊藏著我想要創造各位的未來、這個國家的未來，以及世界的未來此一根本心願。

在我的眼中看來，未來就如同於皮球一樣，能夠投擲到任何方向，亦能夠彈跳到任何方向。

各位抱持著何種的心態、共同構思著何種的志向，決定了皮球的走勢。

人們當然也可構思一個黑暗、悲哀的未來；然而，我想要講述的是做為「成功學」、「希望的復活」的未來。

為了創造一個能夠讓所有人光明生活的社會，我要持續樹立一個做為這個國家以及世界的桅杆。

幸福科學集團創始人兼總裁　大川隆法

前言 3

序章 邁向勝利的道路——覺醒於「心念的力量」

1.「心念」正是自己本身 12
2.「信念的力量」可改變人生 13
藉由抱持強烈的信念、心念,改變自己的人生 13
切勿被有限的、悲觀的自我形象束縛 14
3.覺醒於自己的使命 15
覺醒於使命,獲得改變人們和環境的力量 15
讓心念變得強大、正確、光明、有建設性、有積極性 16
4.藉由「信仰的力量」獲得勝利 17
排除妨礙「心念的力量」的負面意念 17
透過「信仰的力量」變得無極限 18
透過在心中描繪積極的形象,疾病亦能治癒 19
與天上界的偉大之光合為一體 22
將所有的經驗變成靈魂的食糧 24

目錄

5．開拓無限的未來 25
你在心中描繪怎麼樣的「未來」？ 25
與試煉戰鬥，化為「肉身的菩薩」 27

第一章 成功學入門——實現理想的思考方式

1．相信「心念的力量」吧！ 32
所謂的成功並非是結果，而是自身感到有所提升的感覺 32
要想實際感受「念力」，需要十年的歲月 33
你能否反覆地在心中描繪自己的理想形象？ 35
年輕時的主觀自我形象，大多是不準確的 37
2．對於嫉妒的處理方法 40
在成功的過程中，無法避免對手和敵人的出現 40
對手亦是「反映自己樣貌的鏡子」 42
批判者亦有著「自以為是」的想法 46
3．你要從失敗中學到什麼？ 48
「你如何看待失敗」即是你通往成功之道 48

從失敗當中找到「成功的種子」 50
4．打造領導者的器量 52
打造能夠集結眾人力量的「偉大器量」 52
能否起用比自己有能力的部下 55
成為不嫉妒年輕部下的上司 58
享受成長的過程，進行「永恆的挑戰」 62

第二章 怎可灰心喪氣！——若能發現「堅強的心」即能改變未來

1．心並非是可被「折斷」的 66
東日本大震災過後，常聽到人們說「心被折斷」來表達心情 66
「怎可灰心喪氣！」是給人一喝的話語 69
2．怎麼樣的人容易灰心喪氣？ 71
容易灰心喪氣之人的特徵一——想法僵硬 71
容易灰心喪氣之人的特徵二——完美主義 72
容易灰心喪氣之人的特徵三——利己主義 77
3．試煉能讓心變得堅強 82

人心當中宿有「佛性」 82
世間是「為了磨練靈魂的學校」 85
「堅持不放棄」的重要 86
接受試煉並堅毅地跨越 88
從「人生的谷底」再次出發 89
4．心中沉睡著「百倍的力量」 93

第三章 積極的生活態度——不畏懼失敗，持續挑戰

1．重新審視日本的長處 98
融合「發展、繁榮」與「和諧」而成立的日本 98
日本自古以來維持著高度的文化水準 100
何謂日本女性指導者的美德 103
認識自己國家的歷史，從公正的觀點看待善惡 105
2．日本要如何成為世界的領導？ 107
關於殖民地統治的想法 107
發揮各國的獨特性，選擇共存的道路 111

3・挑戰之姿將會開拓未來 113
基本上憑靠「強項」應戰，就是通往勝利的道路 113
「樂天派」的孩子與「扣分主義」的孩子之差異 116
學校和現實社會的評價，有時會相反 119
樂天派、能自行發電的人適合做領導者 120
領導者應具備的「大器量」 122
邁向成功的道路，存在於「失敗的累積」當中 124
對於失敗、挫折、困難、苦難，增強「免疫力」 128
發揮強烈的個性為社會做貢獻 128

第四章　創造未來的力量——為了開拓嶄新的時代

1・日本必須進行國防等的意識改革 132
我在非洲的英語說法，為當地的電視臺實況轉播 132
想要透過幸福科學的電影啟蒙日本人 135
2・如何成為成功者 138
先有想法，之後才會出現相應的行動 138

不僅是「頭腦的好壞」，你的「志向」將對能否成功有重大的影響 142
「耐性」、「學習」、「與他人相遇」是成為有創造性之人的三大條件 146
3．創造「時代」的幸福科學 148
從「發現需求」邁向「創造需求」、「創造時代」 148
若能早一步看透未來，人就會追隨其後 149
我的海外巡錫帶給世界的影響 152
我也想為中國和北朝鮮帶來「幸福與和平」 154
4．學會「可使用的英語」和「可使用的知識」 157
若能使用英語的話，就能發揮巨大的力量 157
以能夠用英語發表為目標 159
將資訊變成「知識」，以創造未來 162

第五章　希望的復活——以進一步追求未來的發展為目標

1．日本還有著力量 168
2．透過「精神革命」拯救世界 171
全世界存在著「兩個重大問題」 171

目錄

藉由證明靈界的存在，戰勝無神論國家 172
給予身為神子的所有人自由 174
藉由相信「神佛之心」，讓世界合而為一 177
3．要樹立國家的「繁榮目標」 178
日本亦能夠拯救先進國家 178
日本絕不會走向經濟衰亡 180
不只是恢復原狀，還要追求進一步的繁榮 183
後記 185

序章

邁向勝利的道路

覺醒於「心念的力量」

1、「心念」正是自己本身

我要向各位講述人生中最重要的話題，那就是有關於各位的「心念的力量」。

當被問及「你自己到底是何物？」時，能夠回答說「我即是我自己所思考的存在」之人，皆是非常優秀的人。如果此人不是一個非常靈性，且相當瞭解自己，並能夠深入內觀自己的人，是不可能如此回答的。

我所講述的「覺悟」，多數也是指「到底能不能將『心念』視為自己」？

在世間當中，能夠看到物質的存在、肉體的存在，或許人們不認為「心念」才是所有，然而，離開世間回到靈界之後，在靈天上界、實在界當中，「心念」即是所有，「心念」即是自己本身。

如此「心念」，決定了自己的性質、自己的生活，以及自己的行動。

2、「信念的力量」可改變人生

藉由抱持強烈的信念、心念，改變自己的人生

做為靈魂寄宿於世間的人，雖然看起來似乎有著不完美的生活方式，然而，當人們覺悟到自己內在的本質，覺悟到「自己正是心念本身、思考本身，自己即是一股思考的力量、思考的能量」的話，依循此人覺悟的程度，此人的肉體、環境，以及與此人相遇的人們，都將逐漸發生變化。各位變得越靈性，週圍的變化就會越大。

此外，透過強烈的信念、心念的力量，各位的人生即會出現強大的轉折。

曾經有一個關於心念的力量的實驗，有一個被強力催眠的人，可以如折彎軟糖一樣地折彎鐵棒，或者是施展出光是用頭髮就可以拉動汽車的力量。

切勿被有限的、悲觀的自我形象束縛

正如上一節所述，人原本有著非常強大的力量，只不過被肉體和物質的有限性束縛，因而無法使出原本的力量。

換言之，很多人是自己給自己施行了催眠術，認為「自己的能力有限，自己不能夠做到某些事情」，進而無法發揮出原本的力量。

其中一個原因是，在你年幼時來自父母和兄弟姊妹們的否定性話語、悲觀性話語，或者是貶低你、傷害你、使你遭受到挫折、挫敗的言語的累積；其二是在學校當中，沒有獲得老師和同學們的好評，進而出現了悔恨的心念、無趣的心念。這些心念不斷地累積，才構築了現在這個有限的、悲觀的自我形象。

然而，一旦覺悟到了「原本的自己到底是何種存在」的時候，超級強大的力量就會從心底湧現出來。

3、覺醒於自己的使命

覺醒於使命，獲得改變人們和環境的力量

我自己本身亦是如此，在被世間生活牽絆的時期，我始終無法發揮自己原本的力量。

過去，當我被他人的情緒、週遭的評價，或者他人的看法、言語所支配，受到世間常識所操縱的期間，我只不過是一個非常弱小、無法使出全部力量的人。

然而，當我接觸到真實世界的實相，並覺醒於自己的天命是「向世人講述真實世界的實相、拯救眾人、讓眾人站起」的時候，在我自己變得強大的同時，還獲得了改變人們和環境的偉大力量。

那就好比是電磁石，能夠透過電流，發出吸引鐵的磁力。而且，這個電磁石還能夠將其他物體亦變成同樣的磁石。

而這種力量，正是宗教當中的傳道行為。

讓心念變得強大、正確、光明、有建設性、有積極性

當知曉了實相的世界，覺醒於真相——「自己真正的樣子，即是自己心念本身。此外，在靈界當中，心念即是存在、心念即是行動」，並且將自己的意念變得強大、正確、光明、有建設性、有積極性，各位就會湧現能夠跨越各種困難、苦難的強大勇氣。

譬如說，水即是如此。通常情況下，水會慢慢流淌成溪流，或者是滿溢成池塘。可是，它一旦發揮出強大的力量，將會出現什麼狀況呢？

那就是變成大洪水，沖走所有的東西。或者是，深深地滲透到沙地底下，再從某個地方湧上來。當它流入海中時，將匯成汪洋大海，被蒸發以後形成亂積雲，然後又化成雨水，在地上匯成川流，變成池塘。

就像這樣，水一直是自由自在地活動著。

各位靈魂的能量，亦擁有這般自由自在的力量。

4、藉由「信仰的力量」獲得勝利

排除妨礙「心念的力量」的負面意念

各位「心念的力量」，實際上是與信仰的力量成正比的。對此，各位不可不知。

各位的信仰心越強，這「心念的力量」就會越強、「意念的力量」就會越強。之所以如此，是因為你和根源的「偉大的能量」合為一體了。

各位的信仰心越強，偉大的力量就越會迸發出來。

並且，這股力量將沖走世間的困難、苦難，逐漸地改變眾人的人生，逐漸排除眼前的障礙。

那麼，究竟是什麼妨礙了各位的力量呢？

那即是各位的恐懼心，亦即害怕之心、卑怯之心、牽絆之心、退縮之心，是為了尚未發生之事而杞人憂天之心，亦是對過去經歷的失敗、挫折無法跨越之心。

各位絕不能一直被如此負面的意念所牽絆！

透過「信仰的力量」變得無極限

讓心境改變，週遭環境即會隨之改變、人會改變，未來亦會改變；而其根本即是信仰的力量。

擁有信仰，就好比是各位在家中連接上自來水的管道。轉開水龍頭，從自來水管中引水而來的行為，即是信仰。然而，就算在水管流淌著滔滔不絕的水源，倘若不透過信仰將水龍頭轉開的話，水是不會從水龍頭流出來的。

同樣的道理，透過「信仰」、「肯定信仰」和「接受信仰」，各位即會被賦予無限的力量。

這「信仰的力量」，在一般的學校教育中是絕對不會傳授的，唯有在宗教當中才能夠學習得到。

就像各位真正的天父，在天上界是無極限、是無敵的一般，各位在這世間，亦是無極限、無敵的。

這就是「於信仰中勝利」的意思。

透過在心中描繪積極的形象，疾病亦能治癒

各位在各種各樣的機會中，想必都見識過信仰的力量。

譬如信仰者的疾病痊癒了。

然而，如果那恐懼之心、自卑之心、痛苦之心、牽絆之心，或者是與他人對立，抱持著怨恨之心，若這類否定性的「心」長期存在於體內

的話，有時就會以「癌症」之疾病表現於外。

有因，必有果；在這個肉體中存在著「主導者」。

這個製造者，實際就是「靈魂」，即「心」；心就是主導者。

如果主導者想要破壞自己的家，家就不可能變得美滿。反之，如果主導者想要將己心所居住的地方、靈魂居住的地方，打造成美好的、有建設性的、光明的、積極的，那麼此人的肉體亦將每日朝著這個方向變化。

正因為有了設計圖，才能夠建造房屋。

透過各位抱持不同的人生觀、不同的自我形象，各位自身的肉體設計亦會發生變化。

譬如，各位每天攝取食物，各位的肉體即會逐漸發生變化。依循著你的心念，要如何運用某些食物來改變自己的肉體，那些食物就會做出相對應的貢獻。

藉由各位在心中強烈、光明、積極地描繪，向食物發出「該如何進行貢獻」的心念，各位的身體就將朝著那個方向變化。藉此，身體就將變得健壯，不會罹患疾病。

並且，即便他人感冒了，自己也不會感冒。即便他人覺得疲倦，自己也感覺不到疲憊。

癌症，是每個人因為心中的煩惱所製造出來的（也有時是因為過度勞累，或是高度的責任感）。既然是自己能夠製造的疾病，那麼自己亦有可能消除它、治癒它。

將癌症製造出來的，是否定性的情緒、過於苛求自己的心。因此，透過持續地抱持與此相反的心，設計圖就會逐漸產生變化。將那個想要破壞自己家的心念，轉換成想要建設嶄新的、美好的家的心念，如此心念還將傳遞至各位的神經和血液之中。

於是，各位血液當中的紅血球、白血球、淋巴等等，亦將帶著強烈的靈性生命力，日夜地進行活動。這些東西都將依循著「各位發出何種意念」，從而發生變化。

並且與存於體內的病毒，以及其他惡性物質進行戰鬥，開始將它們逐出體內。透過這個「心念」，體內形成的癌細胞，以及其他不合適的組織等，亦將會漸漸得到改造，直至被廢棄處理，逐漸淘汰掉。

請透過信仰，發出光明、強烈的心念吧！

如此一來，各位就只將變得健康，只將變得更有精神。

各位罹患疾病，是無法想像的事。

各位的力量是無限的，各位將不斷地湧現出新的力量。

與天上界的偉大之光合為一體

透過食物獲得的力量，或許是有限的；然而透過信仰得到的力量，卻是無限的。各位之所以得不到無限的力量，那是因為各位尚未看到真正的實相世界。

在「天國和地獄」這兩個分離的世界當中，各位在靈性上感覺到非常強烈的，恐怕是比較接近地上界的「地獄」的勢力。

地獄世界是基於人們的煩惱、痛苦、傷悲、悲慘的不幸，而形成的扭曲世界。

然而，一旦突破這個世界，眺望實相世界的全貌時，各位就會真正地知道，那裡是一個何等美好、充滿黃金之光的世界。

那是一個非常、非常巨大的「光的世界」。

各位終將知道，過去自己所認識的地獄世界，只不過就是存在於細小的岩石中間，因潮濕而滋生青苔一般的世界罷了。

請與天上的偉大之光合為一體。

請強烈地描繪，這光明和自己融為了一體。

如此一來，各位的未來將會逐漸改變。

將所有的經驗變成靈魂的食糧

你在過去曾經歷過各種的失敗吧？
你常常為此而感到懊悔吧？
人生必定會遭逢挫折，
你現在應有著煩惱吧？
在世間當中，
有時你會感覺到自己在小戰役中失敗了。
然而，在真實的世界當中，
各位的靈魂之父，
從未給予各位任何一次失敗。
各位始終是持續勝利的，
各位將所有的經驗轉化成了正面力量，
各位將所有的經驗變成了靈魂的食糧，

並且，將經驗轉變成了智慧。

各位正將這些智慧做為新的武器，為了未來和人類的社會而活躍著。

5、開拓無限的未來

你在心中描繪怎麼樣的「未來」？

請各位要抱持著強烈的心念。

藉由各位強力積極的心念，就能夠在對方的惡意中，或者是阻塞各位未來的道路上，打開一個巨大的通風口，屆時你將會目睹你的未來命運出現扭轉。

命運確實是存在的。然而，當你獲得更強大的覺悟時，你就能夠積極地建設命運；這亦是不爭的事實。

若是真正領悟到了「心念」的使用方法，各位就必須要運用於命運的建設上。

對於自己的命運，各位要描繪怎麼樣的未來？
對於自己的職場，各位期待著怎麼樣的未來？
對於自己的家庭，各位期待著怎麼樣的未來？
從世間的角度來看，
即便各位遭遇了各種苦難、困難，
也要歡喜地接受、擊潰，並跨越它們。
任何事情都無法破壞各位的信念；
任何事情都無法擊潰各位的光明心念；
任何事情都無法干擾各位想要開拓未來的積極心念。
若你想開拓無限的未來，就請抱持光明的心境而過。

你要過著有笑容的生活，
寬恕自己的過去，對未來懷抱期待，
對人們的真實樣貌，懷抱著期待。
你要強烈地祈禱世間變成佛國土；
你要祈禱人們心中宿有著佛性；
你要相信人們心中宿有著神性。
並且，你要在心中強烈地盼望，
「這些人們將在五年、十年後，或者是未來，
將成為共同傳佈佛法的同伴」。

與試煉戰鬥，化為「肉身的菩薩」

各位今後還將遭到許多試煉的侵襲。然而，這些試煉絕不是為了傷害各位，而是為了鍛鍊各位才出現的。

是為了讓各位變得更強大，這些試煉才會出現的。或者說，為了讓各位獲得更高的覺悟，才會出現這些試煉的。為了讓各位化為肉身的菩薩、肉身的如來，才會在世間當中上演各種各樣的劇碼，各種各樣的苦難、艱難才會出現。

就連過去的海爾梅斯（注），都曾與各種敵人進行了戰鬥。現在生活在現代社會的各位，生活中可沒有任何的不便之處。為了未來，強而有力地戰鬥吧！

並請抱持如此的心願：

「我不是為了自己一個人的人生，

而是為了神、

為了佛、

為了擁有佛性的人們、

為了未來的人類、

為了世界，
我要開拓一個嶄新的未來！」
屆時，通往勝利的道路將會開啟，
請筆直地走在這條大道上。
無論到何時何地，
都請務必踏實地走在這條光明大道上。
各位必將會在人生中取勝。

注：海爾梅斯，約四千三百年前誕生於希臘的克里特島，建立了地中海文明的基礎。在希臘神話當中，祂被尊稱為「商業和財富之神」；祂亦是地球的至高神愛爾康大靈的靈魂分身之一。

第一章

成功學入門

實現理想的思考方式

1、相信「心念的力量」吧！

所謂的成功並非是結果，而是自身感到有所提升的感覺

本章的主題是「成功學」。

我自己尚處於人生的半山腰上，大致結束了青年期和中年期，跨越了人生的二個山隘，所以未必能夠將「成功學」講解得完全透徹。

因此，我將本章的題目定為「成功學入門」，希望本章講述的內容，能夠成為現今正準備「登山」的人們一些參考。

在年輕的時候，誰都會對成功感到憧憬，並容易認為「所謂成功，就是獲得某種結果的狀態」；我以前也是這樣想的。

然而，在我積累了各種各樣的經驗以後，我發現到所謂的成功，不僅是指獲得的結果，而是指自己一邊確認自身有所提升，並一邊品味人生當中的成就感。

在成功當中，並不存在著「達到某種狀態就算成功」的客觀標準。因此，每個人都可以品味到「自己付出了最大的努力，做得很不錯！自己可以稱讚自己！」這般的成就感、成功感。

要想實際感受「念力」，需要十年的歲月

做為「成功學入門」，首先我想要講述的是「心念的力量」、「思考方式的力量」。

在關於成功法，或者是實現願望法的一般書籍當中，常常會寫到「心念很重要」、「思考方式很重要」等等。

然而，大多數人即便是看到這些文字，也還存有似懂非懂的感覺吧！因為這些道理，若非經過一定年數的親身實踐，是無法完全理解的。

年輕時，我也受到了「透過改變對事物的思考方式，能夠改變未來」等思想的影響，不過當時的我，並不瞭解「將此思想付諸實踐後，

會產生何種結果」。但回顧過去，現今我能明確地說出「若是如此思考，就會產生如此結果」。

我一直在告訴人們，「人正是自己所思考的存在」、「看此人在思考什麼，就會瞭解此人是何種人」、「人，等同於自己的想法，是有著相同的價值」、「人會朝著自己所想的方向展開人生」；可是對於二十幾歲的人來說，就算是聽到我這麼說，也無法率直地認同。因為很多人都感覺到「總是難以實現自己所思所想的事情」。

然而，我也是經過了二十、三十年的歲月以後，才終於深切地感覺到「那道理是真的」。

我在二十幾歲的時候，曾思考過「自己是這樣子的人，應該變成這般狀態。我的理想模樣，應該是這種樣貌」。之後經過了三十年的歲月，變成了五十幾歲時，就確實變成了那般模樣。

在年輕的時候，就算是傾聽週遭人們的客觀意見，但也總是難以客觀地描繪出自己的姿態。但如今的我，真的變成了年輕時所描繪的狀態，真的是很不可思議。

「雖然說『心念有著力量』，但這句話真的不假。『自己是這樣子的人，應該要變為這般模樣』。若能在數十年間，持續描繪自己將來的理想之姿的話，不知不覺中，自己就會變成那般模樣。」

現在的我可以明確地說，如此道理的確沒錯。

這真的是很不可思議，不經過幾十年的歲月，對此就無法理解。

你能否反覆地在心中描繪自己的理想形象？

如果自己在十幾、二十幾歲時描繪的理想之姿，跟現在的自己反差過大的話，很多人都會為這個差距陷入痛苦。並且越是一個理想家，理想與現實的差距就會越大，越是遠大的夢想，就越是無法實現。

此外，那些他人認為「很好」的目標，若是自己也將此做為目標時，最終大多無法實現。

年輕之時所追求、所思考的事情當中，如果不是出自於自己的本心，而是他人認為很好，所以自己也想要追求的話，那麼即便無法實現，也沒有什麼好奇怪的。

然而，如果將內心深處反覆出現的心念，或者是將「在不經意間常常出現的想法」，於心中深刻並長久描繪的話，終究就必定會變成那個樣子。透過如此方式，即能逐漸地實現自己的理想。

建議各位最好相信這個道理，若是不相信，理想就無法實現。首先，在心中反覆地描繪自己的理想形象，這是很重要的。

你是否具備在心中反覆描繪理想形象的能力？那其實亦是各位的才能。

所謂「才能」，就是為了在某個領域當中成就某些事，此人天生的性質、能力和氣質。倘若沒有這種才能，就無法在心中反覆地描繪理想形象。

總而言之，擁有在心中反覆描繪的能力，就意味著擁有實現理想形象的才能。

至於那些沒有能力在心中反覆描繪理想的自我形象之人，則無法在某個職業領域中得到碩大的成功。

在心中反覆描繪的理想形象，實際上就是人生的目的地、目標。人生的旅途，就是朝向這個目的地前進的。

因此，如果那是一個無法在心中反覆描繪的理想形象的話，那麼如此形象就很有可能發生變化。

年輕時的主觀自我形象，大多是不準確的

在上一節，我講述了「在心中反覆描繪理想形象是很重要的」。然而，做為對自己本身的主觀感覺，許多年輕人一直痛苦於與理想正好相反的悲慘自我形象，或者是痛苦於失敗的自我形象、苦惱於自卑感的自

我形象。

大概有九成的年輕人都是如此吧！雖然沒有人會直率地告白內心，可是大約有九成的人都因悲慘的自我形象，或是失敗、自卑感、自己的不幸的成長經歷等等，為各種各樣的煩惱感到痛苦。

然而，年輕時的主觀自我形象，常常是不準確的。如果自己所煩惱、痛苦的，或者是感到自卑的主觀自我形象，與週遭之人所認為的形象出現差異的話，隨著時間的流逝，反而週遭之人所看到的姿態才是準確的。各位週遭的朋友、父母、兄弟姊妹、職場的朋友等，這些人所看到的你的姿態，因為相對客觀，所以比較準確。

反之，自己主觀上感到痛苦、煩惱、自卑的自我形象，大多都是不準確的。這正是因為年輕，所以感性過於敏銳，太過於感到自卑所導致的。

而且，年輕人很容易陷入自我主義，總是以自我為中心，所以很難在整體當中給自己定位，很難客觀地看待自己。因此，年輕人常會一味地思考自己的事情，常常將一丁點的傷害或痛苦的感覺擴大。

譬如說，一旦罹患疾病的話，就會認為「自己往後的一生將變得很糟糕」，但完全想不到「在大醫院當中，還有許多的病人一邊承受著痛苦，一邊接受治療、復健」。

此外，世間當中有國家考試等各種各樣的考試，譬如有一位年輕人去參加一個有一萬名考生，但只錄取數百人的考試，最後自己落榜了。然而，在這樣的考試，一萬名考生中有九千數百人是註定要落榜的。從客觀上來看，落榜的人數占多數。因此，雖然大多數人都會跟自己一樣落榜，但這位年輕人還是會因為自己落榜了，而遭受巨大的挫折感，甚至認為自己遭逢了一生無法抬頭的大失敗。

這就是青春期的特徵，即主觀性太強，總是無法客觀地看待自己。由此帶來的結果就是，對於不好的事情異常敏感，內心的起伏亦非常大。對此，希望各位能夠多加留意。

各位當中或許有人也是抱持著悲慘、自卑的自我形象，但事實上，各位並沒有自己想像中的那麼糟糕，反而是有著不錯的條件。

為了認識真正的自己，就必須綜合週遭之人對於自己的評價，建立客觀的自我形象。如果這種自我形象，與自己主觀上認定的自我形象，存在著相當差距的話，就要知道「自己所認定的自我形象存在著相當程度的歪曲」。

2、對於嫉妒的處理方法

在成功的過程中，無法避免對手和敵人的出現

以成功為目標的人，隨著自己不斷地嶄露頭角，將會變得越來越顯眼，所以當然亦會遭到來自他人的嫉妒。因此，對手和敵人的出現是無

法避免的。

如果說「自己完全沒有遇到一位對手或敵人」的話，可以斷言此人沒有獲得成功。假如真的存在這種成功人士，那不是因為此人的神經「遲鈍」到什麼都感覺不到，就是因為此人異常健忘，對各種事物容易忘記。

除了這樣的人之外，倘若還有人說「自己在未遭逢對手或敵人的情況下，取得了巨大成功」的話，那幾乎可以斷定此人在撒謊。

只要獲得了成功，那就勢必遭人嫉妒。從這個意義上來說，成功的過程，即是穿越「嫉妒的刀刃」、「嫉妒的子彈」，從而不斷前進的過程。

然而，沒有人會因被他人嫉妒而感到高興。如前所述，「主觀上的自己」是一個悲慘的自我形象，或者說充滿不安、自卑感的自己。自己都已經是這樣悲慘了，卻還要遭到他人紅眼、嫉妒、惡言、中傷和絆腳等等，不幸的感覺就會更進一步增強。因此，此人就會認為：「自己已經這麼不順利了，還要遭到他人的惡言，人生真的是悲慘啊！」

如上所述，人總是難以抱持公正、客觀的自我形象。

對手亦是「反映自己樣貌的鏡子」

特別是當對手和敵人出現的時候，必定會面臨艱難的處境。快一點的人，有時候在自己十幾歲的時候，就會出現對手或敵人。那是因為當人十幾歲的時候，就會開始顯現出各自的才能。

譬如說田徑選手，會遇到同樣是田徑選手的對手或敵人。此外，擅於彈鋼琴、擅長繪畫的人，或是游泳選手、擅於讀書、擅長英文、擅長演講的人，總之，在顯現出某種才能的時候，就會遭逢對手或敵人。此時處身的方法，是非常艱難的。

不過，回顧過去，不管是在學生時期，或者是剛就業之時，自認為是對手或敵人之人的看法，卻往往是驚人的正確。

換言之，沒有人會比各位遭逢的敵人，更能正確地判定各位的才能。自己的友軍或朋友，對自己的判定總是很寬容，但眼前的敵人，才是非常瞭解各位的人。不僅是各位現在的才能或能力，連各位「將來會變成什麼樣子」，都是非常清楚的。

當各位的對手越是認為「你將來會成為大人物，似乎會在這條道路上取得成功，並達到相當高的水準」，他們就會越加攻擊各位；這種預知能力常會發揮作用。

譬如有一部描繪莫札特一生的電影當中，有一位名為薩里耶利的音樂家，做為莫札特的對手登場了。正因為沒有人比莫札特的敵人更瞭解他的才能，並且薩里耶利感覺到「神竟然如此地愛莫札特」，因而無法抑制嫉妒之心。

就像這樣，越是各位的對手或敵人，就越是瞭解各位。

因此，當自己的眼前出現了對手或敵人時，你要以第三者的客觀角度，仔細地觀察對方，並判斷此人的能力、人格和將來的發展等等。如果各位認為「此人的確是有著能力、才能和人氣」，那麼你被這樣的人敵視或嫉妒，就代表著你很有可能擁有著超乎自己想像的才能和能力。

觀察「自己遇到的敵人是何種人」，就能好好地瞭解自己。因為那些對手就如同於鏡子一般，能夠正確地照映出自己的樣子。換言之，各位正處於被那些對手極力嫉妒、競爭的階段。

反之，如果各位與對方的差距太大，即各位遠遠比不上對方，或者是遠遠超越對方的情況，就無從形成敵對關係了。

換句話說，各位能夠透過對手的姿態，看到照映在鏡中的自身樣貌。

反過來說，當遇到那個自己感覺到有敵對心、競爭心的對手之時，自己必會出現某些反應。換言之，你將何種人視為對手，就可以看出你自己是怎麼樣的人。

當然，各位不能太過於認真地看待對手或敵人的攻擊。

正如前述所言，對方如實地在觀看，並正確地判定各位的優點和缺點，在這層意義上，來自對手的攻擊，常常能成為瞭解自己的線索。

然而，各位的對手並不會為各位的成功感到喜悅，反而會想方設法地妨礙各位。因此，切不可迎合對方所希望的主觀事項，你必須走上屬於你自己的道路。

屆時重要的是，不要過於認為「取勝於對手、敵人的競爭，即是自己人生的成功」。抱持「我是以實現自己的理想為目標」、「我要走在自己的路」的想法是很重要的。

此外，對於自己遭逢的對手，要努力以公正之心、站在公平無私的立場上，來看待對方的能力和優點、缺點。

「承認敵人的身上也有優點和才能，對於該學習的地方要加以學習。」擁有這種心態必將能大大地促進各位的成長，各位必須要抱持著如此心態。

批判者亦有著「自以為是」的想法

另外，做為政治家、企業家、演員，以及其他的有名人等，在得到了巨大的成功以後，就會遭到週刊雜誌、電視、報紙等的批判。但這種情況也是如此，「遭到批判」亦是獲得成功的證據。

此時重要的是，對於自己的上百個批判中，當然也有一些是合理的批判，所以應該承認的批判就予以承認，並藉此改善自己。此外，對於不合理的批判，則應該儘量置之不理。如果這種批判超越了「批判」的範圍，變成了毫無根據的誹謗中傷，那就必須要堅決地反駁。

不過，那些批判當中大致都有著「自以為是」的想法。

譬如說一旦變成總理大臣以後，每天都會遭到惡言。因為批判者的一方，有著「身為最高權力者，就必然要遭到如此批判」的心態；這就是一種自以為是的想法。

此外，批判者會認為「就算批判的內容，不是百分之百有道理也沒有關係」、「做為上層權力者，就算是遭到來自民眾的嫉妒，稍微受到抨擊、彈劾也是沒辦法的事；即便是遭到不合理的批判，也是無可奈何的事」。

在批判當中，當然也存在一些合理的部分，但必須理解還有一些是自以為是的部分。

批判者對於自己批判的對象，有時會希望對方「即便遭受到如此惡言，但仍是穩如泰山的大人物」。因此，如果你一下子就受傷的話，反而會讓他們感到失望。

然而，在他們希望你「能夠忍受一定程度的批判」的同時，亦有著「若能透過子彈擊敗你的話，還真想把你擊敗」的想法；這也是不爭的事實。

那雖然是大眾媒體的性質，但在一般的公司當中，競爭對手勢必也是抱持著類似的心態。此外，就算不是競爭對手，那些尚未走上成功軌道的人們，也會對於成功人士抱持著類似的情緒。

如上所述，或許「理解人世間的情緒」是件重要的事。

3、你要從失敗中學到什麼？

「你如何看待失敗」即是你通往成功之道

懷抱遠大的理想，並將其銘刻於心，持續反覆思索的話，人就將會朝著那個方向逐漸成長、發展，這是無庸置疑的。但在這個過程中，亦將會遇到對手或敵人，遭到惡言或批判等等。然而，如果無法跨越這些障礙，就不可能步入成功的軌道。

從這個意義上來說，若是從未遭受過一次惡言或批判，也就意味著此人一直沉迷於小成功。

若是追求大成功的話，就必定會吸引他人的眼光，遭到批判，所以在一定程度上，這種批判也要編入成功學的一部分。

在步入成功之道的人們當中，或許也有人會說「自己從未遭受過批判」、「自己從未失敗過」等大話。然而，這種人追求的恐怕只是小成功。

如果是想實現遠大的理想，持續挑戰高遠的目標，那勢必會遭遇無數次失敗。沒有一個人能避開無數次失敗，從而獲得巨大的成功。

譬如「創立一間有十個員工的公司，一輩子就維持這個規模，沒有經歷什麼失敗，一直很順利地發展」，這也算是一種成功。然而，一旦員工增加到上百人的話，會變成怎樣呢？一定會發生許多狀況吧！這是理所當然的事。

就像這樣，理想和志向越是遠大，就越會遇到新的困難，並必然產生失敗。方才我講述了「以成功為目標的人必定會遭逢對手」，而通往成功的道路，亦是「如何面對失敗」的道路。

失敗是無法避免的，就看各位如何跨越失敗，從困難、苦難和挫折中重新站起來，並且從中汲取教訓，藉此通往更高一層的巨大成功；這是很重要的。因此，各位必須要抱持著如此想法，即「一切困難、苦難中皆有著邁向成功的種子」。

如果各位現在正面臨某些苦難的話，那就是在教導各位「你是能承受如此苦難的人物，你是可以遭逢如此試煉的人物」。

上天不會讓你背負你無法背負的「十字架」。

在那樣的試煉當中，知道自己的不成熟之處、理解自己尚不瞭解之事、覺悟自己尚未覺悟的道理，並將其轉變成下一個成功的種子，這是非常重要的。

從失敗當中找到「成功的種子」

就像這樣，「從失敗中學到東西」，這在成功學當中是最重要的事。如果只能從失敗當中，找到否定自我、自卑感，或是詛咒世間的話語，這種人就很難擠身於成功人士的行列。

你能夠從失敗中學到什麼呢？

首先，「失敗了」就代表「挑戰了」；不挑戰就不會有失敗。倘若挑戰的結果是失敗，那麼「從失敗中能學到什麼」就很重要了。失敗的事實，能夠讓你思考「自己有何不足之處？是因為什麼而沒有辦法取得成功」？

譬如說，或許是能力、才能不夠，或許是環境太惡劣，或許是發生了什麼狀況。

不過，這個失敗的事實一定是在教導各位某些事情，你必須盡可能地從中汲取經驗教訓。如此一來，下一次再遇到相同局面時，便能夠輕易地跨越。

當你跨越之後，必定還會出現新的試煉，對此各位也必須要跨越。

總之，成功學當中最重要的一點，就是「從失敗當中尋找成功的種子，並牢牢地掌握」。這一點，請各位務必銘記在心。一味地逃避失敗，是不可能成功的；因為不失敗就意味著「不挑戰」。

只要有挑戰，就必然會有失敗，所以各位必須抱持這種心態：「從失敗當中學習，並逐漸變得強大。」

4、打造領導者的器量

打造能夠集結眾人力量的「偉大器量」

年輕的時候，人總是傾向於依靠自己的能力。因此，將重點置於「鍛鍊自己的能力」，即「自力」的一面，是理所當然之事；或者說，這才是應有之姿。年輕之時，絕不能一味地依賴他人。

就像這樣，年輕時將重心放在「嚴格地對待自己，要求自己、鍛鍊自己」是一件好事。然而，超過一定的年齡之後，就會感到「僅憑一己之力難以成就大事」。越是想追求巨大的成功，就越會知道「自己一個人的力量，實在是難以有所作為」。

沒有獲得眾多人們的協助，卻能夠實現巨大成功的人，是不存在的。譬如說革命或建國的領導者，他們是優秀的領導者，這是事實。但他們也並非是憑靠自己一個人成就了事業，而必定是獲得了眾多人們力量的支持。

在出發點上看，為了成為領導者，必須要磨練自己。可是到了中途，還必須轉變成一個能集結眾多人們力量的人物；在各種事業中，亦是如此。無法如此思考的人，就不可能獲得巨大的成功。

自己一個人能夠實現的工作範圍是有限的，所以必須要透過集結眾多人的力量，來推動事業的成功。因此，為了打造如此器量，就必須進行自我變革、脫皮。要獲得更大的器量，就必須要努力脫皮。

成功之人，原本就有著很強的個人能力，但不可自大於那能力。

「發揮自己的能力，獲得他人的認可」，這是邁向成功的出發點。但在此之後，必須將自己的立場從「讓他人認可自己的能力」轉變為「承認他人的能力」。

人會為了那熟知自己的人而「死」，人會為了那認同自己的人而「死」。所謂的「死」，即是「貢獻、奉獻自己的人生」的意思。「這個人瞭解我，瞭解我的才能、人格，瞭解我靈魂的重要性。」人會為如此瞭解自己的人，奉獻自己的人生。

因此，嚴以律己、勤於耕耘己身的你，爾後必須要成為一個能挖掘他人的才能，培育、評價並鼓勵他人、給予他人勇氣的人。

換言之，不再是接受他人的褒獎，而是要褒獎他人。不再是接受他人的安慰，而是要去安慰、鼓勵，並鼓舞現在正苦於挫折和失敗的人們。在這層意義上，人就必須要擴大自己的器量。

為此，當然就需要更多的經驗和知識。總之，必須要「知人」，盡可能地知曉每一個人。謙虛地關心，並接受眾多人們追求幸福、追求成功、日夜付出努力的姿態。在此之上，抱持著「要勉勵更多人」的心態是很重要的；希望各位能夠如此思考。

能否起用比自己有能力的部下

在人生當中，評價自己的基準勢必會發生變化。

年輕之時，我將力量傾注於「透過自己一個人的努力，磨練自己的能力」。之後，在三十歲左右時開始了幸福科學的工作，然而，我的經驗和知識都不夠充分，所以在教團的營運上感到很困難。

為此，當時的我選擇了與比自己年長十歲、二十歲、三十歲的人組隊合作，一起遂行工作。此後經過二十多年的歲月，終於進入了起用比我年輕的人做為幹部，進而營運教團的時代。在那之前，我一直是和比我年長許多的人一起遂行工作。

當然，對於組織的領導者來說，那些傾聽自己命令的人，必定是很容易運用。若是比自己年紀輕，而且缺乏知識和經驗的人，勢必會按照自己的命令行事，所以很容易運用也是理所當然的。

不過，這種人正是因為缺乏知識和經驗，所以才會傾聽領導者的命令。從這個意義上說，他們要想成就偉大的工作，還缺乏足夠的戰力亦是一個事實。

反之，如果跟那些比自己年長十歲、二十歲、三十歲的人合作，在自己知識、經驗不足，或者是考慮不周全的地方等，就能夠得到相應的提醒。此外，他們有時未必會按照領導者的指示行事，有時亦會給予各種各樣的意見。

但即便如此，如果認為「做為一個工作、做為一個事業，必須得這麼做」的話，比起自己一個人遂行自己主觀上認為想做的工作，不如承認「需要擁有這種才能的人，需要擁有這種知識和經驗的人」，起用並運用這些人還來得重要；領導者必須要擁有如此的器量。

譬如說，即便是對自己來說很難指使的人，但也必須要承認此人擁有自己所不具備的能力、才能、經驗和知識，並且任用他。

一般情況下，第二代經營者底下的幹部，通常都是比自己年長許多的人，而第一代的經營者，則通常是與比自己年輕的人一起遂行工作。在這層意義上看，我的確是經歷了相當的忍耐。

我自覺於自己的知識和經驗不足，所以一直抱持著「要認同那些擁有自己不具備的能力之人，並借助這些人的力量」的想法。換言之，我擁有與這些人一起組隊合作的器量，因此，我能夠起用比自己有能力的部下。

成為不嫉妒年輕部下的上司

此外，隨著自己的年齡增長，也有獲得好處的一面。譬如說年輕時難以實現，但年長以後，就可以運用比自己優秀的年輕人。

若是跟自己同年代的人，就會抗拒對方的才能，處於互相競爭的關係，無法一起遂行工作。但如果是跟自己年齡有差距的話，就能將他們當做部下加以運用；世間當中的老闆們大都是上了年紀的人。

當自己變成五十、六十、七十歲的時候，的確能夠起用那些比三十歲時的自己，擁有約十倍工作能力的人。

譬如說現在六十歲的老闆，在三十年前創立公司的時候，即便那個公司是個「破爛公司」，沒有像樣的人才，但是過了三十年之後，公司逐漸擴大，就會出現許多優秀的人才。因此，到了六十歲左右時，就算是進來了比自己優秀的人才，也能夠將其納為己用。

就像這樣，隨著年紀的增長，會得到一些好處。其中一個好處，即是「不需要和優秀的人競爭」。

換言之，即便是「年輕時處於同年齡層的話，此人可能會成為自己的競爭對手」的那種人，當自己上了年紀，與其有著年齡的差距之後，也就不會在意了。其結果就是，能夠起用那些比自己更有能力的年輕人。

不過，即便是存在著年齡差距，若是仍會產生嫉妒的話，那就很麻煩了。如果領導者是那種會嫉妒比自己年輕的人，這個組織就會越走越窄了。

如果是希望公司或組織獲得進一步發展，就必須不斷有年輕的優秀人才出現，並逐漸晉升到上層職位，發揮出各自的能力。

現今處於公司或組織領導地位的人，在年輕時展露頭角、步入成功軌道的時候，必定都曾經遭受過來自同輩、前輩、上司等各種人的嫉妒，感覺自己快要崩潰。

而這樣的人現在變成年長者，位處於引導後輩者的立場時，就必須將「不可嫉妒年輕、優秀的人才」視為一個修行課題。對於有能力的年輕人、有霸氣的人、有幹勁的人，以及有素質的人，不能扼殺這些人，必須予以拉拔和培育。

即便年輕人稍微有些失敗，也要予以包容，並告訴他們「我會負責，所以請盡情發揮」，或教導他們「年輕時的失敗，不是決定性的失敗」，身為上司必須展現自己的大器量。

總之，上位領導者的器量越大，優秀之人就越會聚集而來，進而發揮自己的才能。

倘若自己在年輕時，曾經因為展露頭角遭到眾人的嫉妒而痛苦，那麼就必須要從這種經驗中學習。在後進當中出現了有才能、能力的人時，告訴自己「不能有著同樣的嫉妒，自己曾遭受過的，不能再加諸於後人身上」，好好地忍耐並認同此人是很重要的。

「為了讓公司的下一代獲得比自己這一代更大的發展，就必須出現比自己更優秀的人。因此，出現越是年輕的人，出現越是會讓自己感到嫉妒的優秀人才，反倒是一件好事。」

各位必須有著如此心境。

父母對於孩子也應抱持著如此心境。孩子小時候很聽父母的話，但經過叛逆期，變成大人之後，就會漸漸與父母形成競爭關係。孩子會對父母表達自己的意見，並不再聽父母的話。並且，隨著孩子的社會地位提高，父母嫉妒孩子的情況在世間亦是屢見不鮮。

父母的嫉妒將對孩子造成妨礙，所以做父母的不可嫉妒孩子。

同樣的道理，在上司和部下的關係當中，做上司的亦不可嫉妒部下。

總而言之，位於上位之人，能夠將人格和器量擴大到何種程度，決定了組織整體的成功和發展。

享受成長的過程，進行「永恆的挑戰」

位於上位之人，要如何才能擴大自己的器量呢？那即是進行「永恆的挑戰」。不要輕言已經成功，不要認為「自己已經成功了，已經達到終點了」；這是很重要的事。

反之，要認為「現在才剛開始，要每年逐步前進、成長，要在能力、經驗、知識等各個方面獲得成長」。

當然，隨著年紀的增長，體力和氣力會逐漸衰退。但是體力和氣力的衰退，可以透過知識、經驗，或者是深遠的洞察力彌補，要想著「透過其他方式持續成長」。

只要位於上位之人持續成長，追隨其後的人們亦將持續成長。倘若上位之人認為「這樣就夠了，無須再付出更多努力」，而陷入了「極限狀態」的話，那就會如同百年來持續堅守傳統風味的老店一般，後來之人不會有所發展，並且會變成一個盡是互相嫉妒、競爭和驅逐的組織。

因此，不要以結果來判定成功，而是要認為「所謂的成功，即是享受逐步成長的過程」，並盼望能進一步的發展。

希望各位總是能抱持如此志向。

本章以心理條件和思考方式為中心，講述了做為成功學的入門基礎，若能夠成為各位的參考，那就再好不過了。

第二章 怎可灰心喪氣

若能發現「堅強的心」即能改變未來

1、心並非是可被「折斷」的

東日本大震災過後，常聽到人們說「心被折斷」來表達心情

本章的標題是「怎可灰心喪氣！」這是一個有點特別的標題。

近年來，常常聽到人們說「自己的心被折斷了」，如此說法之所以盛行的契機，是某位運動選手在引退記者會當中的發言。據說此人在某場比賽結束之後，心情十分沮喪，進而決心引退，並說出「自己的心被折斷了」。

特別是在「三一一」東日本大震災以後，我感覺聽到更多人說「心被折斷」。但因為太常聽到人們這麼說，所以我也開始注意到了。

「心被折斷」，聽起來感覺好像是「豎起來的線香突然被折斷」，然而，心並非是這般容易折斷的。雖然衛生竹筷會分成兩半，但即便如

此，想折斷筷子也不是那麼容易的事。

所以，當人們在說「自己的心被折斷了」時，我不禁想問此人：「你是如何想像自己的『心』呢？」

在幸福科學當中，認為「『心』好似光球一般的存在」、「『心』好比是充滿了神佛之光的球體」。

然而，在世間生活時，灰塵、污垢和塵埃等等，各種各樣的東西總會附著於心上，進而讓心變得模糊。因此，就必須要透過反省等方式，擦拭如此狀態的心，使其恢復原本閃耀光輝的姿態，重新回到原本正圓形球體狀的心。並且，這也正是返回到天上界時的姿態。

因此，我認為「唯有『充滿了光的能量體』的心，才是真實的心；心並非是可以折斷的」。

另一方面，當今社會所認識到的「心」，是非常柔弱、簡單、單純的。如此「心被折斷」的說法，或許很像前一陣子，人們常說的「斷念」。

人們所說的「斷念」，似乎好比是吉他或小提琴等，突然斷了弦的感覺，或者是至今拉緊的、有幹勁的心，突然斷裂的感覺。

的確，從時代背景來看，這並非是無法理解之事。近二十年，社會整體處於停滯狀態，關於未來，亦找不到讓人感覺會出現光明的理由。

在日本，無論是政治界或景氣的未來皆不甚樂觀，即便是在美國或歐洲，經濟前景亦是非常嚴峻。此外，在非洲或中東，還發生著各種各樣的「革命」。

如此看來，世界的前景似乎並不是很樂觀。從種種跡象來看，的確讓人覺得未來有些閉塞，感覺不到時代會逐漸開拓。

在如此狀態下，無論是個人亦或是公司所遇到的各種狀況，可能都常常無法順利推展，或許還會有許多人經歷「心突然被折斷」的感覺。

自二〇〇三年以後的很長一段時間，幸福科學一直在推展防治自殺的運動。如果社會形勢惡化，經濟變得不景氣，那麼自殺者就勢必會開始增加；如今還是處於無法抑止如此自殺行為的狀態。

除非能夠改善現今世間的狀態，否則就很難抑止這種情形。

基於以上這些理由，本章想要回到宗教的本道，講述有關於「心」的話題。

「怎可灰心喪氣！」是給人一喝的話語

本章的題目「怎麼灰心喪氣！」，相當於佛教當中的「一喝」。換言之，我想要說的是「現在的日本，未免也太脆弱了吧」！

特別是「三一一」東日本大震災以及伴隨而來大海嘯、核電廠事故，日本人在如此過程中經歷了政界的混亂、媒體的騷動等等，國家本身正逐漸喪失自信，日本亦從「世界領導」的地位逐漸滑落下來。

在看不到未來的前景、失去了領導力、漂散著毫無發展的氛圍之下，最後變成一個「選出一位從田間跑出來的『泥鰍』當首相」的時代。

就像這樣，當今的日本社會盡充斥著前途黯淡無光的話題，有一種國民必須要鑽進泥水裡才能生活的感覺。尤其是在二〇一一年之後，水災特別多，感覺真的像是生活在泥水之中，一點也不清爽。

我很不喜歡這種不清爽的感覺，這原本就不是幸福科學的風格，靈性的波長完全不相同，國家整體應該要更大器一點。

此外，那種「停滯型思考」、「搖擺型思考」等日本人固有的思考方式，換言之，那種「就算沒有前進也無妨」的想法，該是要捨棄的時候了；現在必須要開大門、走大路。

從外國的角度來看，日本的思考方式不符合自身國力，也沒有一個人能向世界發表日本的想法；這真的是很丟臉的狀況。

某位首相亦是以「總之不要太引人注意」為原則而遂行工作，這真的是很丟臉的事。

如今正應該是日本必須要引人注意的時期，正是日本必須引領世界的時期。

日本現在需要往前跨步，日本人的頭腦有那麼糟糕嗎？不能再這樣下去了！現在必須要出現一個能讓日本的未來充滿光明的人。

2、怎麼樣的人容易灰心喪氣？

容易灰心喪氣之人的特徵一——想法僵硬

現在有許多人感到「灰心喪氣」，這也是宗教須幫忙解決的問題，所以或許在幸福科學的支部等，常常有人前來進行如此諮詢。

那麼，常常「灰心喪氣」的人，都有著怎麼樣的特徵呢？

第一個特徵，即是「想法僵硬」。這些人的頭腦大概都不怎麼柔軟，沒有辦法靈活地思考、應對各種事物，想法就是僵硬。

所以一旦發生預想之外的變化時，譬如說遇到震災、不景氣、事故，或是人際關係的問題等預料之外的事情時，這類人就變得非常脆弱。

因此，對於那些灰心喪氣的人，首先要明確的指摘出：「你的想法也太僵硬了吧！你必須要將自己的頭腦變得更靈活一些！」這是一開始必須要對這類人說的話。

那些感到灰心喪氣的人，通常都不具備「應對能力」。這些人當中，有很多人從沒想過要靈活地思考問題，都認為「至今的人生態度，可以一直維持到死」。然而，世間是一直不斷發生變化的。

因此，首先必須要指摘出此人「想法的僵硬」。

容易灰心喪氣之人的特徵二——完美主義

第二個特徵，就是「完美主義」。

在那些容易感到灰心喪氣的人當中，很意外地存在著許多完美主義者。這種人當自己發出亮度最高的光輝、處於最佳狀態的時候，才能夠舒服地生活。

然而，人既有低潮的時候，有時也會受到週遭各種狀況的影響，或者是受到同伴、朋友等的影響。那些時候對於完美主義者而言，是難以順利度過的。

容易感到灰心喪氣的人，大多都是「完美主義」、「滿分主義」的類型。

雖然不能把這樣子的人，形容成前一節所說「被折斷的線香」，但這種人很容易自己「折斷」自己。

若是能認為「心就好比是橡皮一般」，實際上就無法把心折斷。但他們卻認為心容易被折斷，進而肆意地折斷心。

因此，若是有人出現了太過強烈的完美主義傾向，就必須予以糾正。

「你或許會認為『自己過著非常完美的人生』，但請你說說看，你的人生到底是哪裡完美？從你出生到現在，請你一次全部講出來。你人生的哪個地方，可以得到滿分？哪裡是完美的？你倒是說說看！恐怕每一個都是不完美的吧？」對於這樣的人，必須得說出這樣的話。

不論是人生哪個局面，世間都不存在著「完美之人」；任何人都是不完美的。

譬如說，能夠在拿到滿分的考試，大概就僅止於小學一、二年級的數學加減法，從這之後，就不那麼容易能拿到一百分。大致都是從除法運算開始，就會出現錯誤。但算錯除法運算的人，是一般的頭腦，能夠全部答對的，就算是秀才吧！在一般情況下，從除法運算開始就會開始出現錯誤。

直到加減法的運算為止都是考一百分，明明覺得自己是「大秀才」，但從除法運算開始就只能考到九十分，實在是太可惜了。此後，當然更不可能度過「完美的人生」。

人生越是往後，會變得越難。不只是讀書會越來越難，人際關係和工作也會越來越難。

進入公司以後也是如此，地位越高，工作就越難。在看不見前方的狀況下，要追求完美是不可能的。

總之，在這「不完美的世間」存在著「不完美的人」，各位必須要承認並接受這個事實。在這不完美的世間，不完美的人一方面生存於其中，一方面還必須「度過更好的人生」。

這就是人生的意義之一。

因此，對於自稱「灰心喪氣」的人，若詢問此人「你在何時有過完美、完整的人生？或者說，有人有過如此人生嗎？你倒是舉出一個名字，而這個人是過著『完美的人生』？」恐怕此人很舉出任何人的例子。

即便是日本的首相，怎麼看也並非是完美的，而是充滿了缺點。不管是誰，都能夠批判首相。只要想批判首相，即便只看過一次電視或報紙的報導，就能夠輕易地進行批判。不論是外國人，或是日本人，都能夠完整地看到首相的缺點。即使某個前任首相，在其老師松下幸之助之靈的眼裡，其缺點亦是一目了然，未必是完美的。

誰都是生活在如此狀態中，在某種意義上，完美主義、滿分主義無法適用於現代社會。

現代已經進入了如此艱辛的時代，換言之，可以說「當今若不抱持著挑戰精神、冒險精神的人生態度，就無法開拓未來」。

為了抱持著這種精神，就必須要有著能夠承受失敗，並跨越而過的力量。

若是不想失敗的話，誰都將一事無成，並出現拒絕、逃脫一切新事物的傾向。然而，對於那些不想失敗，並聲稱「我是完美之人，我是完美主義者」的人，必須要予以鞭策才行。

總之，這種人只是害怕受傷，所以必須要鞭策他們：「你對人類沒有做出任何貢獻，難道你打算什麼都不留下，而離開世間嗎？」、「蒙羞或失敗，這些根本不成問題，問題在於『你到底進步了多少？』」

就如同上述，這些人必定都有著完美主義的傾向，所以得多加留意。

容易灰心喪氣之人的特徵三——利己主義

容易灰心喪氣之人的特徵，第一個是「想法僵硬、頑固」，第二個是「追求完美主義、滿分主義的傾向非常強」。

而第三個特徵即是，或許這麼說會有些尖銳，那就是「利己主義」。當事人雖然完全不這麼認為，但清楚地說，此人就是利己主義者。

這種人大多都意識不到「自己是利己主義者」。他們認為「自己是以單純、美麗的心境而過」，並總覺得自己是處在被害者的立場。

他們總是埋怨「被經濟和景氣等外在環境所害」、「在公司的人際關係當中，被老闆或上司等其他人的傷害」等等，總之，這些人感到不幸、痛苦、工作進展不順的理由，其原因都在他人身上。換言之，他們總是將自己視為「悲劇的女主角」，或「悲劇的男主角」。

的確，這些自認為是悲劇女主角或男主角的人，長期把如此悲劇性的姿態，視為自己的美好形象，或許他們眼中的自己就是如此。

若是電影、小說等創作，或者是虛構的故事，或許會感覺到如此類型的人很淒美，但在現實社會中，坦白說，這類人就是自我主義者，他們一心只想到自己。

對於這種人，我想要問問：「你是怎麼想其他人的呢？」

「我瞭解你的心情，知道你受到了傷害。可是，其他人又是怎麼樣呢？和你有關的人，又是如何呢？那些人就沒有受傷嗎？那些拼命想要幫助你，結果卻什麼也沒做成的人們，你是否考慮過他們的感受呢？」

「因為你說自己感到『痛苦』、『難受』、『需要幫助』等等，大家應該都有前來勉勵你吧？並且給了你各種建議，試圖想要幫助你吧？

然而，這些人至今的努力，全部都變成白費功夫了吧？」

「但即便如此，你仍然說『工作很辛苦』、『精神上很痛苦』、『看不到未來』等等，一味地想著自己的事吧！你這就是自私。」

「對此你應該從來沒有想過吧？甚至從不認為自己是自私的人，還認為自己是『被虐待的灰姑娘』吧？」

「請仔細看看你自己現在的樣子；你腳上應該是穿著草鞋，手上拿著掃把，正在清掃庭院、房間！那正是被虐待的灰姑娘的樣子。你或許還有著『必須要穿上水晶鞋，前去參加舞會』的感覺吧？你是不是搞錯了些什麼呢？」

「如果你把自己想像成像公主一般的形象，而肆意地傷害自己的話，那就是你本身的問題。」

對於這樣的人，必須說出這樣的話。

如此的自我主義或利己主義，很意外地，當事人是覺察不到的。實際上，這種人就是透過如此狀態，從他人身上奪愛，並且不認為這就是「奪愛」的行為。

這種人認為「奪取」，僅是指「偷盜財物、金錢，從而獲得一定的經濟利益，或者是從他人身上，奪取與經濟利益有關的東西」。

然而，嘴巴老是掛著「自己缺少了某某東西，自己是如此坎坷」等話語，藉此向他人乞求同情，博取關愛，讓他人關心自己，這實際上就是在奪取他人的愛；但有很多人對此都沒有覺察。

這種人常說自己灰心喪氣，但必須要讓他們意識到：「自己有著利己主義的傾向。」對此如果沒有察覺，就無法進行反省。

若是一旦將自己描繪成悲劇的男主角、女主角，要進行反省是不可能的。因為他們認為週遭盡是「壞人」，所以實際看到的也全是壞人。

以上，即是容易感到灰心喪氣之人的三個特徵。

第一個是「想法僵硬」，第二個是「過於完美主義、滿分主義的思考方式」，第三個則是「自我主義、利己主義」。

如果不承認自己是自我主義者，就絕對不可能進行反省。如果沒有看到「自己給他人造成了麻煩」的事實，並意識到「自己是過著奪愛的人生」的話，就不可能做到反省。

我再重複一遍，自我主義者總是會造成他人的麻煩，而週遭的人們會費盡心思，想要幫助此人。這些幫助有時是看得到的，有些則是看不到的關心。就像是為自我主義者「撿拾掉落的麥穗」一般，為了填補此人的過失，就一定會有人拼命地努力。

然而，這些努力得不到當事人的感謝；因為此人是利己主義者，一心只考慮到自己。

我想要對這種人說：「暫且離開自己身處的立場，回過頭來好好地看看自己。站在他人的立場上，看看現在自己的樣子。」

這樣的人必須要知道「至今到底接受了多少人的恩惠和愛，才有現在的自己？並且現今仍舊是被他人關愛」。

不管這種人如何地吶喊自己多麼灰心喪氣，但很遺憾地，也不干其他人的事，那只是在博取他人的同情而已。

對於這種人，必須要喝斥：「你的心也太柔弱了吧！」

人的心本來並非是那般柔弱的。

3、試煉能讓心變得堅強

人心當中宿有「佛性」

在幸福科學當中，教導著「人皆有著佛性」，並且「人皆是佛子」。那麼這個「人皆是佛子，皆是懷有佛性的存在」的教義，到底是在表達什麼內容呢？

在禪宗當中，亦有著「坐禪即能成佛」的教義，但這是一種近似詐欺的想法。若是認為「只要坐著，其身即能成佛」，也未免太天真了。「只要模仿佛的坐姿，自己就能夠成佛」的教義，實在是太超過了；這是在某種意義上的唯物論。

「修行」如果沒有伴隨相應的內容，當然是不行的，至少在幸福科學中，教導了「人被允許持有與佛相同的性質」。

換言之，「養成與佛思索相同的事、與佛遂行同樣事情的習慣，並且不懈努力的話，即能成佛」，如此可能性是每個人皆相同的。這就是「人有著佛性」的意思，此外這也是「磨練即會發光」的意思。

每個人本來就有著同等尊貴的性質，人與人之間之所以出現差異，只不過就是因為磨練方式的差異，導致光的發散方式有所不同。要不就是研磨得不均勻，或是表面有著污垢而已。倘若正確地加以磨練，就有可能會發出與佛相同的光。

當然，散發出的光，或許會隨著此人的靈魂傾向性出現差別。就好比是寶石的顏色有差異一樣，既有黃色的光，亦會有白色、紅色和綠色的光。

此外，光的「形狀」也將隨著此人內涵而有所不同。譬如說，教育者和藝術家的發光方式就會有所不同；政治家的發光方式或許也會不一樣，在生意上成功之人的發光方式亦會有所不同。

雖然發光的方式會有所不同，但是「誰都有著『只要磨練即能變成光球』的素質」，如此教義就是佛性的理論。

從這個觀點來看，對於那些一下子就灰心喪氣的人，只能說這些人太過於將自己視為「柔弱的存在」，陷入只是想要從他人那裡博取同情的狀態。

對於這種人，必須要告知他們「人的本質，是隱藏著更大可能性的」。

世間是「為了磨練靈魂的學校」

特別是當聽到東日本大震災是「規模高達九級的大地震，是千年一次的規模」時，確實是會出現「無可奈何」的無力感。

然而，佛教的本道就在講如此情形。換言之，「世間的人生，勢必會遭逢難以抵抗的不幸」即是佛教的基本理論。

佛教教義的特徵，第一個就是「諸行無常」。「在世間當中，沒有任何事物是永恆的。一切事物都將流逝、毀壞、消失。在世間當中，無一事是永恆的」；如此教義就是佛教中一開始的教義。不管是海嘯、洪水或地震，也是會流逝而去的。

災區受災的人們，勢必都有著「無家可歸」、「家全毀了」、「失去了工作」或「失去了家人」等各種的問題。

但即便災情不盡相同，同樣的問題亦曾在二千五百年前佛陀的時代發生過。佛教教導了人們，在如此狀況下，應該如何生活下去。

不能執著於世間的事物；能夠帶回靈界的，只有「心」，所以除了磨練己心以外，別無他法。

世間發生的所有事情，所有不幸或幸福的經歷，包括人際關係等各種事情，全都是為了磨練自己靈魂的材料。世間有著做為「靈魂學校」的意義。

即便在世間遭遇怎樣的不幸，知道在如此狀況下，該如何生活下去才是重要的，並且還要知道「今生在世間擁有著生命，是有著意義的」。

「堅持不放棄」的重要

遭逢震災的人們，想必現在還是非常辛苦，但若是在話語上變得過於神經質的話，就是一個問題了。絕不能變成像上一節當中所提到的，常常把「灰心喪氣」掛在嘴上的人。

在第二次世界大戰以後，日本從一片荒廢中重新站起了。因此，震災災區的人們亦必須要努力「再一次從荒廢中站起來」。不要一味地苦等，而是必須要自己努力站起來。

屆時，選擇自己覺得可以的路就好，若是不喜歡現在的地方，也可以搬到其他地區努力；若是想要在同樣的地方重新開始，那就重建街道就好了；抱持如此氣概是很重要的。

愛迪生是一個曾做過非常多實驗的人，有一次做為研究所的工廠著火了，據說，那時候他將孩子、家人全都叫來，並且跟他們說：「這樣的火災很罕見，要仔細看好！」

「這是罕見難得的光景，你們得仔細看好了！但話說回來，這火也燒的真大啊！」據說他跟家人說了這樣的話。在某種意義上，愛迪生或許哪條神經「斷了」，但是工廠燒了之後，就只能再重建一個了。

即便是失敗了上百次、上千次，仍然會堅持研究的人，就是這樣的人生態度。像愛迪生一樣，「僅是工廠被燒毀，是不會因此放棄的，重新來過就好」，這也是一個思考方式。若是自己沒有錢，就只能夠說服有錢人出錢，重新開始經營。

就像這樣，經歷過「做為研究所的工廠遭遇火災」之人的公司，如今已經變成了名為「美國奇異公司」（簡稱ＧＥ）的世界級大公司。

因此，「堅持不放棄」是非常重要的。

接受試煉並堅毅地跨越

在人生當中會經歷各種的風浪，或是遭逢痛苦，但藉此亦能測試「自己是何種程度的人」。

「沒發生任何事」，這並非是人生的幸福。出現在各位面前的種種事件，全部都是為了測驗、培育各位的靈魂，而被賦予的試煉；測驗各位如何接受如此試煉並如何跨越。

若能如此思考的話，就必須在試煉來臨時，心想「好！終於來了啊！」並加以應對。就如同衝浪一樣，必須要面對大浪並跨越它；絕不能將「什麼事都沒發生」視做是「好事」。

那種「什麼事都沒有發生就是好事」的態度，即是「無事主義」，或者說「官僚主義」；這是無法產生任何嶄新價值的生活態度。

對於一個想要成就某事、想要留下某些功績的人來說，在其追求、努力的過程中，就並定會伴隨一定的風險。遭到人們的批判或經歷失敗，是理所當然的事；但重要的是，如何跨越這些試煉。

各位在人生當中，或許會經歷許多讓你感到灰心喪氣的事情，但屆時請你不要將這些試煉視為單純的事件，此時正是你要發揮堅毅精神的時候。

從「人生的谷底」再次出發

如果認為「自己既沒有才能，也沒有運氣」，那就是再次出發的時候。感覺自己「既沒有才能、亦沒有運氣，幸福的女神也沒有對自己微笑」的時候，那就是應該再次出發的時候。

身處「人生的谷底」之時，請務必要堅強；思索「此時能夠遂行何種事」是很重要的。

在距今十年以前，我生了一場大病，經歷了性命的危機。

然而，從那般狀態中復原以後，我寫了將近七百多本書，進行了超過五百次的講演。此外，在這段期間，還創立了幸福科學學園（二〇一〇年四月，那須本校開校），成立了幸福實現黨（二〇〇九年五月），而且在海外進行了為數眾多的說法（在世界五大洲舉行了超過二十次以上的講演會）等等，一直進行著傳道的工作。

當時生病的時候，醫生告訴我：「要絕對維持靜養狀態。」但不久後，我便開始鍛鍊身體，其結果是我變得比以前還有活力，恢復了青春。所以世間的「常識」，對於我並不適用。

現代的西洋醫學，基本上認為「人就像機器一樣，一旦壞了，就無法復元了」、「正因為無法復原，為免受到更大的傷害，所以要安靜地待著，並且只能進行類似更換機械零件的治療方式，除了之外別無他法。」然而，這是唯物論的思考方式。

我就是透過鍛鍊，讓身體變得比三十歲時還要強壯，並且可以飛到國內外舉辦講演會。譬如說，在二〇一一年九月，我在新加坡和馬來西亞接連舉行講演，回到日本以後，在十幾天的期間中，亦不間斷地進行了八次講演。

此外，我還不斷地進行精神層面的鍛鍊。

譬如在海外的時候，每回皆是在艱難的環境下舉辦講演會。有一次，曾經在舉行講演的前一天，得知當地的公安或情報人員，正對幸福科學進行調查，當時我抱持著「若是想對日本的國師做些什麼，儘管放馬過來」的覺悟，在講演當中對該國政府進行了批判。

特別是在馬來西亞，該國的政策規定「不能對穆斯林（伊斯蘭教徒）進行傳教，使其改變信仰」。因此，我在當地舉辦講演時，當地幸福科學的信徒們都心驚膽顫，擔心「搞不好就會被判死刑」。

為此，在刊登報紙廣告等的時候，都會寫上「請伊斯蘭教徒不要進入講演會場」的詞語。不過，若是馬來西亞以外國家的伊斯蘭教徒，是可以前來聆聽講演的，所以有很多來自伊朗的穆斯林前來聽講。

那時，我在講演會上明確地說：「伊朗人可以來參加講演會，但馬來西亞的穆斯林來參加卻不被許可，這實在是很奇怪。國家的政策是不是應該改一下呢？」。

「雖然馬來西亞是以二〇二〇年躋身於先進國家之列為目標，但如果文化政策是錯誤的話，是無法進入先進國家的，因此必須要改變政策。並且如果依舊是採取由當地華僑身上吸收稅金，進而撒錢給貧窮的馬來人的歧視政策（Bumiputra政策）的話，國家是無法合而為一，更遑論要躋身於先進國家。」雖然我講得委婉，但依舊是留下了明確的話語。

有過在如此嚴厲的環境下，進行海外講演的經驗以後，我發現日本人盡是「好人」，所以真的感到很「輕鬆」。現今在日本國內，不用擔心自己會遭到暗殺，這真的是令人感激的事。

就像這樣，藉由經歷過稍微嚴酷的試煉，其他種種試煉就會感到比較輕鬆。因此，對於自己不可以太過於放縱。

4、心中沉睡著「百倍的力量」

或許，嚴峻的時代現今仍在延續。然而，我想講述的是，要盡可能地放棄那種「如果國家的政策好，國家就會發展；如果國外的形勢變好，國內的形勢亦將好轉」等依賴上層的想法。

首先，在每一位國民思索「自己能做的是什麼」的同時，政府亦必須思考「在自己的國家當中，政府能做的是什麼」；什麼事都交給他人是行不通的。

關於受災地區的復興工作，亦不能說「自己的家毀了，所以之後一切都交由行政部門解決」，自己則在一旁等候就好；從自己力所能及的事情開始做起是很重要的。

因此，現在不是認同各位將「灰心喪氣」做為藉口，而是要和各位說「即便灰心喪氣也無所謂，只要能重新站起來繼續努力就好」。

自稱「灰心喪氣」的人，其實是還沒有找到自己的「心」。因為還沒有找到自己的心，所以才會說灰心。如果能夠找到真正的心，找到宿於己身的強大的心，就必能發出更強大的力量；對此請各位務必要瞭解。

在各位的心中，還沉睡著自己所認為的十倍、百倍的力量，對此不可不知。

今天認為「不可能」的事情，在幾年以後就會變成可能。如果心中有著想像描繪某事的力量，某事就必定會實現。在心中強烈盼望的事情，在現實中必定會產生變化；這就是真正擁有強大之心的樣子。

幸福科學所教導的，就是這個道理。如果心是強大的話，所有事情都將逐漸發生變化。未來會發生變化，自己本身也會發生改變。如果改變心的狀態，自己的肉體就會開始改變，週遭之人亦將會開始變化。

之前我的身體很強壯，沒有罹患過疾病，但有了前述的那一次經歷之後，我就開始變得能治癒眾人的疾病了；看來疾病也應該經歷一次比較好。

最近，我只是從講演會場的通道走過，坐在附近之人的疾病就治癒了。此外，還有人僅僅是拿到了我要舉辦講演會的傳單，疾病便痊癒了。如此「功德」被傳佈太廣泛，讓我有些「擔憂」，但真的是產生了各種各樣的現象。

總之，我認為在日本國內，至少必須要有一個充滿活力的團體。

我希望幸福科學今後也要嚴以律己，並成為一個能夠發出更強大光芒的團體。

第三章

積極的生活態度

不畏懼失敗，持續挑戰

1、重新審視日本的長處

融合「發展、繁榮」與「和諧」而成立的日本

觀看日本整體，長期累積下來的日本文化，有著無個性化、沒個性化的趨勢。人們努力儘量不彰顯個人的個性，進而共同生活下去的文化色彩似乎很強。

在日本，有一種「隱藏個性的人比較聰明」的氛圍，有著「隱藏個性，做到無個性化的人，讓人無法看透本心而過的人，比較容易升遷」的傾向。

這從日本被稱為「大和之國」的說法中也能看出。「大和」，原本即是一種「大家和平相處，相互之間沒什麼差別，如此聚集起來的氛圍會比較好；這種狀態有助於人們能和諧相處的精神」。

日本本來就有著如此傳統精神，近代之後，民主主義的思想又進到

了日本，民主主義當中的平等思想，和日本傳統的精神渾然成為一體，進而造就了現今的日本。

不過，日本雖然是崇尚「以和為貴」的大和之國，但如果閱讀日本的中心指導靈天御中主神的靈言集（收錄於《大川隆法靈言全集》第八卷、第三十六卷、第四十卷等；宗教法人幸福科學出版），就會知道祂是強烈訴求發展、繁榮的神明。在日本的神道中，祂是最偉大的神。

而做為女神的天照大神，則屬於沉穩的和諧型神明。在日本的精神方面，或許是祂的個性佔了主導地位，而主要牽引日本的靈人，實際是愛好發展和繁榮的神明。

就像這樣，發展繁榮型與和諧型的二位主導神成為中心，至今牽引著日本。

因此，說到日本這個國家的特徵，一方面是有著「平等性很強，村落集團意識和夥伴意識也很強」的傾向，另一方面也有著「要超越歐美」、「要脫離亞洲，成為歐美的夥伴」的「脫亞入歐」思想，以及「絕不成為歐美殖民地」的氣概等，總之是有著要追求強大和發展的企圖心。

日本，原本就是融合了這兩大方向性而成立的國家。

日本自古以來維持著高度的文化水準

日本並非是從二戰結束以後，才變成了出色的國家，以前的日本也是非常優秀的。在二戰發生之前，日本就被稱為「世界的五大強國」之一，並非是戰敗之後從零開始發展起來的。

現在的日本人，只知道戰爭結束後，日本從一片廢墟中重新站了起來，所以容易誤解「日本是在戰敗以後，出現了經濟的繁榮，變成了世界第二的經濟大國」。然而，在此之前的日本，就已經是世界的五大強國了。

日本在明治維新以後非常努力，在明治維新以前的德川時代，也擁有相當高的文化水準。擁有百萬人口的江戶，在當時甚至被稱為世界上無法比擬的城市。

在日本，武士建立的政權中，也有著許多優越的文化。

此外，在平安時代就非常盛行女性文學，可以說領先於時代。在世界上，直到近代才開始出現女性文學者，並逐漸被世間認同。然而，日本卻早在平安時代就出現了女性文學者，她們可謂是領先世界近千年的時代先驅者。

在平安時代，沒有判處死刑的狀態持續了很長的時間，可見當時就已經建立了相當有秩序的國家。即便是現代的發達國家，在沒有死刑制度的情況下想要維持治安，是相當困難的事。然而在平安時代，日本就持續了至少三百年，沒有一件依國家法律判處的死刑。

在那以前的奈良時代，佛教則非常盛行。

戰後的日本就是以戰敗為契機，有著全盤否定戰前文化的傾向，對於傳統的佛教，亦是採取否定或輕蔑的態度。

不過，鎌倉時代的佛教，即鎌倉佛教，是以「因為教義傳佈於民眾，所以是相當民主主義的」為由，在戰後獲得了相當高的評價。換言之，戰後強調「以易懂的教義，將佛教傳佈給民眾」的本願寺系統的念佛宗、日蓮宗、曹洞宗等鎌倉時代以後之宗派，獲得了人們很高的評價，然而之前的平安佛教和奈良佛教，則有著被人們看輕的傾向。

然而，奈良佛教中有著許多佛教的正統教義，所以在學問上是很紮實的，並且是沒有錯誤的。與此相對，雖然鎌倉時代以後的佛教富有獨創性，但從佛教的角度來看，那些與釋迦的教義截然不同的教義，現正廣佈於各地。

從這個意義上來說，奈良時代和平安時代的人，亦是非常偉大的。

另外，在飛鳥時代，聖德太子制定了「十七條憲法」和「冠位十二階」。

他持有非常民主主義的思考方式，曾說過「為政者，須時常與民眾進行討論，從而遂行國家的政治」。而且，他還說「要篤實地敬重三寶」，也就是「必須要有著尊敬佛、法、僧三寶的宗教之心」，並將「消除憤怒、爭鬥」等精神的指導原理引入到政治中，從而遂行國家的營運。

此外，他還制定了「冠位十二階」的制度，此後不再是憑靠身份，而是以能力來選拔人才。當時的日本就採用了一種非常先進的制度，即以能力為基準，大量地起用了那些雖然身份低下，但是非常有能力的人。

何謂日本女性指導者的美德

在聖德太子的時代及其之後的時代，日本既出現過女性的天皇，也出現過身為皇后但同時也負責指揮軍隊的神功皇后。就像這樣，自古以來日本有許多傑出的女性。

或許是天照大神的威光，日本的女性指導者的偉大之處，即是很少會進行殘忍之事。

反之，中國的女性指導者就經常會做非常殘忍的事。一旦掌握了政治的權力，她就會將反對勢力「誅滅九族」，連彼此都不知道是親戚關係的人，皆全部被殺害。

就像這樣，鄰國的中國，一旦女性立於上位，就會一點都不在乎地比男性做出更多殘酷、殘虐的事。中國女性的復仇心和想要懲罰反抗者的心理非常強烈，我想這就是國民性的差異吧！

在朝鮮半島，我想也是類似的情形吧！

然而，日本的女性指導者，幾乎沒有做過這樣的事。

在日本，女性立於上位的時候，反倒是和平團結的情形居多。「當男性之間發生非常強烈的爭鬥時，如果讓女性執政，國家即能得到治理」，日本就是這種罕見的國家。

歐美的人不是十分瞭解日本的歷史，但在日本這個國家，女性的水準並不像歐美人想像中的那般低，過去女性的身份也並不低。因為天照大神的存在，自古以來女性的地位就是比較高的，女性的能力也很強。

當然，發生戰事時通常都是男性上戰場，但日本仍是一個「女性擁有相當力量」的罕見國家。

不可不知如此事實。

認識自己國家的歷史，從公正的觀點看待善惡

如上一節所述，在建立日本的過程，包含著天御中主神的發展、繁榮之強而有力的教義，亦有著天照大神的「和」之精神和「清淨之心」。

天照大神所講述的，主要是「無污穢的心」和「清淨之心」。祂主要說到「帶有罪惡或污穢的人，要透過禊祓從而變得清淨」。用佛教的語言來說，即是「反省之心」。

祂要人們要抱持著清淨之心，以及「人們相互間要和諧，共同打造和平共處的世界」的和諧之心；這即是某種意義上的烏托邦世界。

如此思想與發展繁榮的思想，實際上就構成了日本國家的形式。

此外，關於學問的部分，因為僅憑日本原本的學問還不夠充分，所以就引進了佛教；當時的日本進行了相當多的佛教研究。而那些研究者即是學者的前身，這些眾多學者的出現，使得日本的知性水準得以大幅提升。

從知性水準來看，當然奈良佛教也有著相當程度的水準，但在平安佛教當中，空海所寫的書，其高度的觀念理論，得以讓之後的康德（Immanuel Kant）及黑格爾（Georg Wilhelm Friedrich Hegel）感到驚訝。空海的思想已達到完成的領域，幾乎已經沒有再向上發展的空間了；日本在過去即是這樣的國家。

從這層意義上來說，日本全體國民，必須要真正地重新看待日本的歷史。

當然，日本也有失敗的地方。然而，現在的日本人必須重新看待日本的優點，並試著和外國的歷史進行對比，知道自己是怎麼樣的民族、怎麼樣的國民、怎麼樣的國家，進而有著正確的自我認識及特性。

不要因為「大眾媒體是這麼說的」、「外國是這麼評論的」而變得搖擺不定，對於自己的歷史，必須要正確地認識才行；這將會直接影響到自身的「自信」。

總之，在正確地認識自己國家的歷史，在如此基礎上，還要學習外國的歷史，並與本國的歷史進行比較，從公正的觀點來看待善惡是非常重要的。

2、日本要如何成為世界的領導？

關於殖民地統治的想法

在二〇〇八年北京奧運會之前，西藏問題被媒體頻繁地報導。報導指出「侵略西藏的國家，有資格舉辦和平慶典的奧運會嗎？」當時藏傳佛教的僧侶還發動了遊行，但中國政府很想要舉辦奧運會，所以為了平息問題而費盡心思。

中國給出的理由是：「不只中國，還有許多國家也是侵略國家。俄羅斯也奪取了他國的許多領土，始終沒有返還啊！其他國家也在做的事，不是只有中國在做。」

附帶一提，日本要求俄羅斯返還北方四島時，俄羅斯不願返還的原因是「俄羅斯還佔領著許多他國的領土，一旦返還了北方四島，也就必須返還其他國家的領土」。

此外，戰後的日本，以朝日新聞和岩波書店系統的媒體人士為中心，對於「日本在二戰中犯下了重大的罪狀」，一直持續著懺悔的態度。左翼的文化人士，在如此過程中進行了十幾年的論戰。

然而，日本的「前輩」，即歐美列強，曾擁有許多的殖民地。將非洲列為殖民地的，是哪個國家？就是歐洲的先進諸國。他們就如同切分蛋糕一樣，將非洲變成了殖民地。

那麼，美國是否就沒有奪取過任何國家的領土呢？答案是否定的。譬如說，夏威夷自古以來就屬於美國的嗎？不對，在太平洋的正中央，不可能會有美國的領土。他們將美國本土擴張到西邊的盡頭，因為本土的美國人已經沒有土地了，所以才渡海到了夏威夷。塞班島等等，也是一樣。

就像這樣，一旦國力增強，歐美諸國就會進到外國，奪取領土，從而增加國家的財產。

在二戰時，日本帶給亞洲的人們戰爭的傷害，讓他們感到痛苦，對於這一點日本人必須要進行反省才行。然而，各位要知道「歐美人對於過去殖民地的統治問題，還沒有進行充分的反省」，這亦是歷史的事實。

如果說「歐美國家即便建立了殖民地，也不構成任何罪狀，但只有日本，會構成犯罪」的話，如此說法就是人種歧視了。

在二戰中，日本被投下原子彈，經歷了十分淒慘的遭遇，但這就是起因於日本人是有色人種；他們或許是認為「日本人不是白人，所以即便是投下原子彈也無所謂！」如果在白人的國家投下原子彈的話，那勢必會遭受到非難，所以就將有色人種的國家——日本，變成了試驗對象；如此推論幾乎沒有錯。

不過，日本戰敗了，另一方面亞洲和非洲各國的殖民地，也逐漸從歐美圈當中獨立。進而，世界潮流就轉變成了「擁有殖民地是不好的行為」。

如果擁有殖民地是好事，那麼日本做過的事就變成了好事。然而世人稱「日本做的是壞事」，從而給日本定罪的結果，讓歐美採取的殖民地政策也變成是不對的，最終全世界走向讓殖民地消失的方向。

如上所述，由於世間輿論轉向認為「殖民地統治為惡行」，所以像西藏一樣，在第二次世界大戰之後被突然佔領，就成了世人關注的問題。

發揮各國的獨特性，選擇共存的道路

我認為，各個國家維持自己獨特的政治和文化，並獨立存在，基本上這是好事。就算是幸福科學成為了世界宗教，傳遍至整個地球，我也不認為透過單一政府來統治世界是正確的。各個國家活用其文化和政治，各國獨自自治的同時，一邊追求繁榮；我認為這是最理想的狀態。

我認為全世界的人們，都應該學習基本的「心的教義」、共通於全宇宙的「心的教義」，並且各個國家則必須獨立自治。

從這個意義上說，如果想透過同樣的政治體制來禁錮所有的國家，那勢必產生許多衝突；這就是過度平等下所產生的悲劇。

在希臘神話中，有一個故事是這樣的：「讓旅人睡在臥鋪上，若是有人的腳伸出了臥鋪之外，就砍斷他們的腳。」想要讓所有的事物都整齊一致，那是不可能的，因為各有長短，所以各國發揮其獨特性，並且選擇走上共存的道路是很重要的。

若是舉日本的例子，就是將天御中主神發展、繁榮的教義，與天照大神和諧的教義融合在一起，這是有可能的。

換言之，在整體上努力做到「和諧」，在個別上「盡可能地成長、強大」，如此思考方式是很重要的。

在這個意義上看，即便在日本的想法當中有著需要反省、檢討的地方，但我認為日本仍有著能向全世界人們傳達的指導原理。雖然日本必須要吸收近代的要素、現代的思考方式，但日本還有眾多不僅能教導亞洲人們，甚至是教導全世界人們的思想。

現今，日本這個國家最需要的就是，能夠真正集結來自世界的尊敬的宗教。倘若有了這種宗教，日本就能進一步開啟未來，並做為擁有三千年歷史的國家，真正成為世界的領導。

現在，美國擁有非常強大的力量。但從歷史上來看，它僅是二百數十年的國家而已，實際還有許多缺乏經驗的地方。而日本早在很久以前開始，就不斷經驗了各種各樣的文化。所以說，日本雖然尚未被世界充分瞭解，但有著許多應該教導世界的東西。

3、挑戰之姿將會開拓未來

基本上憑靠「強項」應戰，就是通往勝利的道路

在日本，有很多人是自營業，在這些人當中，有許多人有著強烈的個性。

而在日本的上班族社會中，抱持著強烈個性的人很容易遭到排擠。但只有美國是認同抱持著強烈個性之人的社會嗎？那也不盡然。日本也存在「讓這些人得到尊敬，逐步成長」的基礎。

日本自營業的人們，皆是抱持著強烈個性的人。事實上，形態接近

自營業的企業，占了百分之九十幾。

如同過去存在於城堡的武士文化，只有大型的公司還依舊維持著。

因此，一方面發揮強烈的個性，一方面朝向共同的目標互相協調、合作，使力量增加兩倍、三倍、四倍，往這方面努力和下功夫是很重要的；承認「他人有著自己所沒有的」是很重要的。

你一定有著自己擅長的領域，發揮自身所長，這是應該被肯定的。原則上，人生應該憑靠自己的「強項」而過，否則既不會有成功，亦不會有發展、勝利。

你的強項是什麼呢？你必須要靠自己最大的強項應戰，若是以弱項應戰，是沒有勝算的。

譬如說，就算是我去參加日本每年傳統的箱根車站馬拉松接力賽跑，也完全沒有意義，反倒會降低幸福科學的知名度。最多就是因為人們認為「一個世間罕見的慢速跑者出現了」，而變得有名，所以我不會做這種事，我當然會用我的強項來應戰。

基本上，各位也應該有著「以強項來應戰」的態度。

不過，如果每個人都是分散行動的話，就無法完成整體上的「藝術作品」。因此，為了成就一個藝術作品，在每個人在發揮各自個性的同時，還必須朝著組織或社會的共通目標，相互發揮各自的長處，以促進組織或社會的發展，這是很重要的。

屆時，若發現到自己常常從自己的長處來看待他人，並且過於指責對方的弱點或缺點的話，就要趕緊改正才行。這種互相扯後腿的行為，並非是幸福之事。

當日本人的平等意識出現在壞的方向時，如此互相扯後腿、強打出頭鳥的傾向就會變得非常明顯。因此，若是察覺到自己正在扯對方後腿時，就必須要加以改正。認識到「每個人都在逐步成長是件好事」是很重要的。

如果對於自己的長處，持有肯定的態度，那麼對於他人的逐步成長，也要予以肯定。

看到某人一味地遭到他人的惡口時，必須要換個角度思考，想想「此人也必定有著好的一面」。

「樂天派」的孩子與「扣分主義」的孩子之差異

接下來，我想要對年輕人講述一些內容。

從學校老師的立場來看，當然是喜歡那些在考試中拿到近一百分的孩子。從世間的角度來看，成績好的孩子，比較有可能考進好的學校，能夠任職於好的單位，於社會嶄露頭角，取悅父母的可能性也比較高。

我並不否定這種想法，從整體上來說，如此方向是好的。如果朝著不學習的方向前進，那麼孩子們的成績就會越來越差。倘若從快樂學習，進一步地往不學習的方向前進的話，程度將越來越低落，所以我認為朝著能學習的方向前進是好事。

不過，學校秀才型的孩子們，在想法中存在一個弱點。那就是越是優秀的學生，越是會出現以「扣分主義」來思考各種事物的傾向。

在各位當中，或許有很多人也有養育孩子，譬如說，孩子的學校舉行了期中考或期末考，孩子回到家中以後，當父母詢問「考得怎麼樣」時，有些孩子會輕鬆地回答說：「嗯，考得不錯！」但一個星期後收到成績單，有時一看分數卻只考到五十五分。

於是，父母就會想：「我家的孩子只考五十五分，竟然還說自己考得不錯，真是丟臉啊！通常考成這樣是不會說自己『考得不錯』的。既然說自己『考得不錯』，那至少也要考到八十分才行啊！至少我小時候就是這樣啊！」

考五十五分就稱「考得不錯」，就是指「超過了一半」的意思。因為孩子認為超過了一半，就是「考得不錯」。然而，無論是老師、還是父母，都不會褒獎這樣的分數。

另一方面，有些孩子則是會說：「這一次考得有點差，錯了好幾題，所以可能考不到高分。」然而，當收到成績單時，卻考到了八十八分、九十分，或九十三分等。

秀才型的孩子能夠答對多數的考題，所以對於自己答錯的問題就記得非常清楚。他們能明確地知道自己答錯了的地方，譬如說「那裡和那裡搞錯了」。因此，一旦將原本必須答對的問題搞錯了的話，當被父母詢問「考得如何」時，就會回答「這次不行了，失敗了！」

因此，父母原以為「我家的孩子都說『不行了』，所以就真的是不行了吧！」但從整體上看卻並不是那麼差的分數。只不過碰巧是考題很難，或是被細節問題絆住了而已，其結果反而是獲得比自己說的還要高的分數。

以上就是兩種不同類型的孩子；在學生時代，不管是奉行扣分主義或其他主義，成績好的學生肯定是會受到尊敬的。

學校和現實社會的評價，有時會相反

考試秀才型的孩子，如果說自己考得不錯，但結果若是很差的話，就會讓父母等失望，所以不論是在補習班還是學校，他們都有著事前往壞處說的習慣。因為事前自己已經說「考得很不好」、「答錯了很多」，而若是實際反而考到好成績，就能得到來自旁人的讚賞，進而感覺很好。因此，很多孩子就會養成將考試成績說得較差的習慣。

這種的孩子看上去比較謙虛，所以在補習班和學校就讀時會受到尊敬。不過，一旦進入了現實社會，如此看法就會顛倒過來，在此我想要請各位注意。

抱持著扣分主義，就算是考到九十五分也會說「考不好」的孩子，其心思是很縝密、正確的，所以進入社會後，公司就會很安心地把工作交給這類人。這種人通常不會犯錯，所以做為一個忠實、優秀的部下而言，他們確實是珍寶。尤其是在大公司和銀行等非常重視信譽的地方，他們是非常寶貴的存在。

不過，這類人不適合從事自營業，這也是一個事實。

為了營運大型組織，就需要有這種縝密、不容易犯錯的人，這樣子人若沒有一定的數量，大型組織就無法運轉了。不過，實際上這種性格的人，大多不適合自己主動企劃新的專案，並逐步執行的工作。

然而，只考五十五分還說「考得不錯」，一點都不在乎的人，一旦進入現實社會以後，有時反而會得到更高的評價。

「只要超過了一半，就感覺自己做得不錯。在成績真的很差時，也只是稍微變得沉默，但一下子就又能夠重新站起，很有元氣地進行嘗試。」這種類型的孩子，其實很適合創業，或從事像藝術家富涵豐富個性的工作。

樂天派、能自行發電的人適合做領導者

即便在客觀情況不甚理想時，也總是樂觀以對的人，這類人在秀才

型的人眼裡，會覺得頭腦有點粗糙，並認為這種人都是樂天派，即便失敗了也不在意，頭腦簡單，總是開心過日子。

然而，做為創業家，就算只是很小的「一國一城的城主」，要率領幾十個員工，推動公司發展的話，如此「樂觀派」的領導，其實是比較理想的。即便只有五十五分，也依然會說「啊～超過一半了，這算是成功了」的人，是比較會讓眾人追隨的。

與此相對，在那一個「若是低於九十五分，就絕對無法原諒！」的老闆底下工作是很辛苦的，每年的辭職信應該都會堆積如山吧。如果常被老闆嚴厲指責「明明我可以做到，為什麼你們就做不到！」員工們是很難再追隨下去的。

譬如說，藝術家當中就有人是屬於「自己可以獨自繪畫，但無法教導他人」的人，攝影家當中也有人是「自己獨自拍照還不錯，但要教導他人拍照就很困難」之人。

那些人有著嚴厲待人的習慣，一看到其他人，就會很快地說出：「啊！這個人不行！」因此，若是一個樂天派的孩子，即便最終的結果比他自己想的還要差，或是自稱「絕對能考上」最終卻落榜，也不能夠因此而放棄他們。因為在這些孩子當中，反而會出現創業家，或者是展現自己強烈個性，挑戰嶄新事物的人，所以不應該加以否定。

特別是在結果很差或狀況很不好的時候，還能夠自己鼓勵自己，這樣的孩子是很值得期待的。這些孩子常會說「下一次我會努力」、「下一次我會加油，不要擔心」等等，不給父母添麻煩而過。

如此樂天派，能自行發電的孩子，是相當值得期待的，即便他們不是學校的秀才，也應該抱持著「這個孩子或許有其他擅長之處」的看法。

領導者應具備的「大器量」

真正的領導者若是太過於細緻、縝密是不行的。如果上位之人太過於注意細節的話，底下的人就完全無法動彈了。

如果上位之人抱持著更宏大的眼光，提示目標，並對底下的人說：「大致往這樣的方向進行就好，最後由我來承擔責任。」如此，底下的人就能夠自由地發揮了。

若上位之人說：「責任由我來擔，你們就各自發揮吧！只要在某個範圍內都無所謂，只要在這個範圍內，就算失敗了也沒關係，你們就儘管做吧！」進而授權部下發揮的話，在這種人底下工作就會很順利，如此企業才會有發展。

此外，藝術家類型的人，一旦遭到貶低的話，精神上會變得相當衰弱，因此即便各位感覺「這個人很奇怪」，也必須要想到「這般奇怪的人，說不定就有著某種非同尋常的才能」。

在藝術家類型的人當中，不管是音樂家還是畫家，都很容易被他人的評論或批評所傷害，所以對這些人講話時要多所留意。

就像這樣，各位最好要知道，孩童時期所得到的評價，出了社會之後有時會出現逆轉。稍微粗枝大葉的部分，有時會以「大的器量」表現出來。

天生的領導，有時會出現於「秀才中的秀才」。不過，一般來說，秀才雖然不會在小事上犯錯，但是常常會在大的判斷上出錯。

究其原因，就在於秀才雖然很擅長學習過去的東西，可是對於未知的、未來的東西，卻不知道該怎麼辦才好，很多時候都無法應對。

為了應對未知的東西，就必須要鼓起正面意義上的蠻勇，對於未知的東西亦必須要負責任。因此，抱持「耐打」精神的人、自己能承擔責任的人，或者是就算跌倒了，也能再一次爬起來的人，這樣的人是比較理想的。

邁向成功的道路，存在於「失敗的累積」當中

年輕時期就經歷過各種失敗和挫折的人，會讓人比較放心。倘若將大企業的經營或政治等，交託給沒有經歷過失敗和挫折的人，有著非常

可怕的一面。因為這種人很驕傲，只會一味地尋找褒獎自己的材料，卻大多沒有看到「現實中是否進展得順利」。

常言道「年輕時最好多吃點苦」，在企業的經營方面也是如此，如果真的想成為優秀的經營者，就必須從年輕時開始，不斷地累積小失敗。

在失敗當中，也有一些是因為不可抗拒的力量導致的。不過，養成「不斷挑戰之後失敗」的習慣是很重要的。當然，最後不要走到破滅的階段比較好，但積極地挑戰，不斷累積小失敗，其中必定出現邁向成功的道路。

邁向成功的道路，存在於「失敗的累積」當中。「完全沒有失敗過」，近乎等同於「沒有挑戰過」。

從二十一世紀到二十二世紀，將會出現大量的未來企業，但不管是中小企業，還是從中小企業發展成大企業，那全部都將會是由挑戰者們所建立的。

這些挑戰者們，都不是想要「就職於現有的大企業」的人，他們幾乎都有著強烈的個性，因此即便他們進入了大企業最後也會辭職。那正是因為個性很強，所以總是跟上司和組織合不來。

因此，個性強的孩子，常常容易對自己出現否定的想法，所以做父母的要鼓勵他們。如果認為自己的孩子是有可能性的，父母就必須要說：「你不是符合大企業的類型，所以就走自己的路吧！」進而輕輕地推孩子一把。

要告訴他們「選擇自己喜歡的路，靠自己不斷地開拓前方之路是很重要的，這種人也是很偉大的」。

此外，我認為即便是一份他人厭惡的工作，但自己也勇於面對的人，是很了不起的人；請珍惜這樣的人。

就如同世間常說的，為了成為更偉大的人物，就必須經歷過大病、失戀、失業、破產等各種經驗。

譬如說入獄的經歷，有時也能派上用場。事實上，既有人在出獄之後變成了總理大臣，也有人變成了公司的老闆。

如果才能過於醒目的話，有時就會遭到他人憎恨、攻擊，而所謂的「正確」，有時也會被一時的氛圍所左右。

譬如說，宗教也是如此。過去被打壓的那些宗教，難道全部都是錯誤的嗎？實際並非如此。在那些宗教當中，有些至今依舊是做為某種程度的大宗教而存在的。

在過去，警察對於宗教的打壓，當然政府牽涉於其中，但其中勢必也存在著錯誤。

像奧姆教一般的邪教另當別論，但是對於天理教、黑住教、大本教，以及其他至今仍存留的宗教的壓制，很多是因為意見的相異，或者說不能理解宗教才發生的。當宗教急速成長時，就會讓人起疑，所以容易遭到攻擊。

對於失敗、挫折、困難、苦難，增強「免疫力」

本章是以「積極的生活態度」為題進行了闡述。在此，我想要呼籲的，就是「希望各位面對失敗和挫折時能更堅強」。

就像面對疾病一樣，希望各位對於失敗、挫折、困難、苦難，能夠增強「免疫力」；請務必抱持著一種「增強免疫力」的思考方式。獲得免疫的人其力量是很強大的，在己心建立起「抗體」，等到了第二次、第三次的時候，就不會再輸了。

當然不可以單純地變成「破產狂」，而是要變成一個帶有免疫力的人，就算是遇到小失敗，下次也一定要加以跨越。不管是父母或孩子，希望都能夠擁有強力的免疫力。

發揮強烈的個性為社會做貢獻

此外，不應該放棄強烈的個性，而應該努力加以發揮。在強烈的個性當中，勢必有著你的魅力和長處。在現今社會中，其強烈的個性，稍不留意就會被打壓，但是，請各位務必發揮自己的強烈個性，並選擇走向成功的道路。

與此同時，必須和他人互相協調、互相幫助，並經常地思索，要如何才能為眾人謀求幸福，要如何才能為社會貢獻；這是為了避免獨占成功所不可或缺的。

當自己憑藉強烈的個性，越發獲得成功時，就越要有著從背後支援他人的心念，希望他人也能透過各種方式，順利地獲得成功，以及有著培育他人之心、引導他人之心。必須透過這種方式，遂行「分福」。

不僅是在自己的業界，對於其他業界的人，做為分福的一種，應該教導他們人生觀和經營觀等。此外，引導跟自己沒有血緣關係的年輕人，這也是一種分福行為。

就像這樣，在追求個人幸福的同時，一邊也在腦海思索「是否有著讓其他人也變得幸福、豐盈的方法」，如此持續努力的態度是很重要的。

以上即是「積極的生活態度」所要講的內容。

第四章

創造未來的力量

為了開拓嶄新的時代

1、日本必須進行國防等的意識改革

我在非洲的英語說法，為當地的電視臺實況轉播

二〇一二年六月，我到了非洲中部的烏干達進行傳道，以「嶄新的希望之光」（The Light of New Hope）為題進行了英語說法。

我和同行的幸福科學職員們，在感覺了當地文明落差後回到了日本。雖然在同一個地球上，但各地文明有著相當程度的落差，我感受到難以言喻的氛圍，受到了一種無法用言語表達的文化衝擊。

從國外回來以後，既看到了日本好的一面，亦看到了不好的一面。這次久違地感受到「日本的道路很平整」，但反過來說，在某種意義上，亦感覺到日本是有點異常的國家。

烏干達的說法是在該國最大的國立體育場進行的，包括國營電視

臺在內，有三家電視臺到場，實況轉播了一個多小時的講演。此外，當天本來有一百多輛的巴士，要載來各地方的人們前來會場聆聽講演，但因故卻未能來到會場，所以電視臺為了這些人又再重播了一次。據說在三千三百萬人的烏干達國民當中，有七、八百萬人看到了我的講演。

此外，在南蘇丹唯一的一家電視臺以及其他幾個國家的電視臺，也播放了講演會。

為了這一次的活動中，我費了近一週的時間，我想至少有一千萬到二千萬的人們看到了我的那場講演。並且，在講演會結束以後，當地的信徒們還到了各個地方，播放我的講演錄影帶，所以觀看者的人數進一步增多了。一想到這裡，我就感到很開心。

我已完成了北美和南美的兩大洲、歐亞大陸和澳洲的巡錫，因此在二〇一二年的非洲巡錫之後，我就實現了「稱霸五大洲」。

「自獲得大悟以來歷經了三十一年，自創立幸福科學，開始以組織的形式開展活動經過了二十六年，我終於來到非洲，並透過實況轉播進行了講演。」我懷抱著這種難以形容的不可思議的感慨的同時，對於能夠確認「我所講的內容是通用於世界的」，這一點也讓我感到很高興。

倘若只在日本發言的話，難免會讓人感覺到「宗教還是小規模的勢力，相信宗教、聆聽宗教法話的人，都是一小部分稀奇、奇特之人，或者是可憐之人」。

然而，在烏干達的時候，國營電視臺和民間電視臺全部到場，這明明是我初次到訪的國家，卻還實況轉播我的講演，對於我的信任程度之高，讓我感到很驚訝。當時是在露天的場地講演，但即便下著雨他們仍依舊進行了實況轉播，所以我感到非常驚訝。

就像這樣，我有著一種難以名狀的心情，為何日本與烏干達之間會出現如此差異？但至少我了解到，「日本的常識異於世界的常識」這句話依然是通用的。

在海外，無論是基督教國家、佛教國家，或是伊斯蘭教國家，幸福科學的教義都是相通的。即便在被認為是無神論的國家當中，也有許多人為我的法話所感動而入會了。

因此，我想或許幸福科學現在正以世界上信仰心最薄弱的國家為根據地，開展著活動。

從這個意義上說，我們在日本所遂行的「理所當然」的活動，實際上或許並非是尋常之事。

想要透過幸福科學的電影啟蒙日本人

我在非洲巡錫的期間，日本在全國的電影院上映了電影《最後的審判》（製作總監大川隆法）。

對於電影製作的評價和觀眾動員人數等，我們暫且不論，單是在二〇一二年的六月和七月的這段時期，在日本上映「佔領日本和奪回日本」、「政治和宗教的融合、協力」為主題的電影，就是劃時代的事情；這個衝擊力越往後期，應該就會越大。

在同一時期，發生了「東京都和日本政府，到底要由誰來購買尖閣諸島」的事件。此外，在這部電影的上映期間，時隔四十二年，陸上自衛隊的數十名隊員穿著迷彩服，在市區開展了行進的訓練。

我希望各位知道日本的輿論在逐漸發生變化。

在日本，一旦涉及戰爭或國防的話題，就很容易聯想到軍國主義。然而從世界標準來看，防衛自己的國家，跟軍國主義完全沒有關係。全世界的任何一個國家都在「守護國家」，開展國防。這並非是軍國主義，而是理所當然的事。

不遂行國防的國家，就沒有資格從國民身上收取稅金。國防和軍國主義是不同的概念，但日本是唯一對此無法進行區分的超級大國。現今，我正在改變日本人的意識。

在世界各國當中，除了日本以外，沒有任何國家會認為「防衛自己的國家是一件壞事」。

被迫認為「國防是壞事」的，就只有那些已經被殖民地化，變成了自治區的地方。在變成了他國自治區的地方，是被迫必須這麼說的。然而，在獨立國家當中，防衛自己的國家絕非是什麼壞事。

我們透過電影《最後的審判》等，一直在訴說著國防的重要性。我希望各位知道「國防是國家的主權範圍內的事情，和軍國主義是不同的」。

國防，對於國家而言是「主權」的問題，對於國民而言亦是「身為國民權利」的問題。

電影《最後的審判》的製作，是為了啟蒙日本人，讓日本人自覺到這種「理所當然的事情」是「理所當然的」。

在二〇一二年，我們「擊發」了真人電影《最後的審判》和動畫電影《神秘之法》（製作總監大川隆法）的兩顆「砲彈」。真人電影和動畫的觀眾族群或許有所不同，但我想它們分別促使了眾人進行某種程度的意識改革，其結果就是世間的各種論調也會發生變化。

在這個意義上，若能對社會有所幫助，就再好不過了。

2、如何成為成功者

先有想法，之後才會出現相應的行動

為了創造未來，我現在正持續提示新的課題，推動著人們的意識改革。然而，我認為還必須創造「構想未來的力量」。

我強烈地認為，本書的各位讀者們必須要抱持著發出那般構想的力量。

總之，不能一味地往後看，不能滿足於現狀。如果很多人開始思考

「將來該如何規劃」的話，未來就會發生變化。

在此，本章將以「為了創造未來，到底有何重要的要點？必須要以何為出發點？」為主題進行闡述。

首先，我想要說的是「想法先行的重要性」。先有了「我想要變成這樣子」的想法，而這想法就會在數年後或幾十年後開花結果。如此儼然存在的事實，請各位切勿忘記。

在本章的開頭，我提到了在烏干達的英語說法。我總是不寫講稿，直接在當場思考，當場講述法話。身為日本人，能夠用英語說法，並且透過實況轉播讓數百萬人同時觀看，這在歷史上恐怕我是第一人吧！

我曾試著思考了這個成功的原因。

我在二十歲的時候，閱讀了許多以前很活躍的人們之著作。當時，在我的腦海中留下了岡倉天心、新渡戶稻造和鈴木大拙等三個日本人的名字，這三個人有著共通之處。

岡倉天心，是用英文撰寫《說茶》一書，將茶道傳佈到全世界的人。

新渡戶稻造，是擔任過國際聯盟副事務長一職的人。

據說有一次他被外國人問及：「日本沒有宗教嗎？」他當場沒有回答出來。因此，為了告訴國外的人們「日本有武士道，這取代了宗教」，他用英文寫了《武士道》一書；這是一百多年前的事情。他能夠以英語演說，書也是用英文寫的，《武士道》還在全世界成了暢銷書。

而鈴木大拙是將「禪」從日本弘揚至全世界的人。他用英文寫過書，也講述過法話。不過，關於禪的法話，他能夠講述多少，我並不知道，有可能他坐下來以後就不說話了，或者是講得非常地簡短。我沒有在同一時代聆聽過他的講話，所以並不清楚。總之他曾用英語講述過法話，並實踐、傳佈了禪學。

新渡戶稻造和鈴木大拙的妻子都是美國人，她們的母語是英文，所以這兩個人能夠在家裡進行英文對話，倘若用英文撰稿的話，還可以讓太太幫忙校正，他們有著普通的日本人所不及的條件。

在日本人當中，這三個人是有名的「英文使用者」。在我年輕的時代，常聽人說繼他們以後，戰後經過了很長時間，就再沒有日本人將發自於日本的思想和哲學，用英文講述並傳佈到國外過，或者是用英文寫書並出版了暢銷書。

我記得在三十幾年前，自己曾想過「要是能變成他們那樣就好了」。如今，這已經實現了，我正在遂行著與這三個人相似的工作。譬如，我正在試圖超越宗教的隔閡，橫跨世界五大洲。此外，儘管感覺上有些自以為是，但在外交的層面上，我也準備跨越國家戰略，推動國家原本就必須遂行的事。

因此，首先還是必須有「想法」。

不過，直到出現成果以前，需要一定的時間，「在這段期間，各位做了什麼？」是非常重要的。

不僅是「頭腦的好壞」，你的「志向」將對能否成功有重大的影響

當然，過去活躍在世間的人，可以說此人是「頭腦聰明的人」，但這終究只是結果論。從結果上看影響力越大，就越容易被推斷為「頭腦聰明的人」，對此誰也不會懷疑。但在同一個時代，應該也有許多同樣頭腦聰明的人。

在明治時代也有為數眾多從海外返回日本的人們，這些人對於英語或德語等語言，應該能聽、能說、能讀。但即便如此，這些人當中只有極少數人活躍於國際。

現在也有許多人在國際社會工作，但是，若是想要找到「通用於全世界」之水準的人，就很難找到了。

從這個意義說，成功並非僅是「有學問」、「頭腦聰明」的問題。我認為此人追求的目標，換句話說即是此人的志向，會對成功產生很大的影響。

雖然和英語的話題無關，小行星探測器「隼鳥號」（譯註：日本發射的第二十號科學衛星MUSES-C），採集了糸川小行星上的礦物，並於二〇一〇年返回了地球。

糸川小行星這一名字的由來，就是人稱「日本的火箭博士」——已故的糸川英夫博士。在我年輕之時，糸川博士還健在，也出版了著作。

糸川博士在年輕時就曾參與過，在二戰中活躍一時的戰鬥機「隼鳥號」的設計，從客觀上看是非常優秀的人。

雖然糸川博士身為日本的火箭學開創者，但在他本人撰寫的《獨創力》一書當中，糸川博士寫了以下的內容：

「評論家草柳大藏將我寫成是『罕見的秀才』，但我本身卻並不這麼認為。

我在中學入學考試時，第一志願和第二志願都落榜了，只考進了第三志願。此外，在舊制的高中入學考試中，我考了四次才被錄取。

在大學入學考試時，我曾詢問『現今在東大，最難的科系是什麼』，人們告訴我『工學院的航空系是最難的』，所以我就發奮學習，最後雖然是考進了東大，但畢竟曾在中學和高中的考試中失敗過好幾次，所以我絕不認為自己是秀才。」

此外，糸川博士還列舉了有兩個人在年輕之時被稱為「頭腦聰明」，但後來卻並未獲得成功的例子。

「在中學時代的同學中，有人擁有天才型的記憶力。此人每天從英文辭典中撕下二張帶到學校，將共計四頁的英文單字全部背下來。並且在放學的時候，他將其揉成一團，丟到垃圾桶裡。那實在是很酷，但我卻沒有能力每天記住四頁的英文單字。

此人是公認的『天才』，並用四年的時間完成了五年制的舊制中學，考進了當時的舊制一高，即後來的東大教養學院，所以他確實是一個天才。但後來變成怎樣，就完全不得而知了。原以為是遠遠比我聰明的人，卻竟然消失了。」

另一個人是糸川博士進入大學以後認識的。據說當時的東大工學院航空系，是很難考進的科系，跟現在的醫學系差不多，或許還要更難；但其中有著這樣的一個人。

「在航空系中，經常有人是重考了十年左右才考進的，新生的平均年齡有時甚至超過了三十歲，但其中卻有人十八歲就考進了。此人被旁人稱為『天才』，我也認為此人確實頭腦很聰明。

當時，學生都是用羽毛鋼筆沾墨水來做筆記。有一次碰巧我跟此人坐在鄰座的時候，我因為忘了帶墨水瓶，所以就向此人借了墨水，當時他告訴我：『這可要雙倍返還啊！』我以為是開玩笑的，但沒想到此人後來就一直使用我的墨水做筆記。

我當時想：『十八歲就考進了東大確實很了不起，但此人還真是一個吝嗇的奇人、怪人啊！』但此後，也沒聽過此人在哪裡任職，似乎也就消失了。」

於是，糸川博士很率直地寫下：「因為我知道這兩個人的例子，所以我完全不認為年輕時頭腦很聰明，就是成功的條件。」

而且，他還在書中寫到：「我自己在大學考試之後很努力，我在中學和高中的入學考試中曾失敗過，所以絕非是頭腦最聰明的人。我在年輕時就製作了隼鳥號戰機，後來還以火箭博士的身份聞名，或許旁人會感覺我很聰明，從客觀來看或許也是如此，但我卻並沒有最好的頭腦。」

「耐性」、「學習」、「與他人相遇」是成為有創造性之人的三大條件

做為成功的方程式，糸川博士還提示了成為有創造性之人的三大條件。

第一個是「耐性」；他曾說了「沒有耐性的人，最終是失敗的」。

就文科而言，沒有綿延不絕的努力，就達不到一定的水準。就理科而言，直至獲得成功為止，也必須要有耐性地堅持進行實驗、觀察等研究。因此，他才會說「首先重要的就是耐性」。

第二個是「學習」；他寫到「不學習是不行的」。但即便能維持一段時間，但通常之後會堅持不下去，所以持續學習是很重要的。

第三個是「於他人相遇」；就算是有了耐性，並透過學習變成了秀才，但實際上，如果學習的成果等沒有被世間廣泛知道的話，也就沒有任何的影響力，無法成為成功者。

他所說的「相遇」，用現代的語言來說，或許是相當於「市場」。

如果不提供世人所需要的東西，就無法算是做好了工作。

在這個意義上說，自己學習得來的東西，或是自己的發明、發現等，必須要讓人們知道。為此，就不能沒有與他人的相遇。有了與他人的相遇，才開始能夠將它傳佈開來。一旦被世間所需要、獲得許多人的支持，此人就會走向成功。

3、創造「時代」的幸福科學

從「發現需求」邁向「創造需求」、「創造時代」

做為成功的秘訣，糸川博士列舉了「耐性」、「學習」及「與他人相遇」的三大條件，我認為那的確是如此。

如上所述，「與他人的相遇」或許是相當於市場。但如果更廣義地來說明的話，那即是「發現需求」，或者是說「創造出世間所需要的東西，發明並供給這種東西」。

在此之上，正如松下幸之助所說過的「不僅是發現需求，要創造需求。不僅是發現並提供顧客所需要的東西，還必須要提升到喚起顧客的需求」，這就是進到了另一個階段。

再更上一層，就不僅是尋找顧客、創造顧客，而是要提升到創造時代的階段，換言之即是創造嶄新的時代，並讓許多人予以跟隨的階段。

糸川博士說到了「與他人的相遇」的重要性，但是從小行星探測器「隼鳥號」的開發等來看，就會知道這並非僅是與他人的相遇或市場等的問題；那是一個為了創造未來的時代而開展的工作。

若能早一步看透未來，人們就會追隨其後

就像這樣，各位必須要創造時代，讓時代跟隨自己的腳步。

幸福科學就非常擅長這一點，時代正跟著幸福科學的方向前進。我想有很多人都有這種感覺吧！現今的日本和世界，實際也正朝著如此方向前進，對此我實在是感到很高興。

譬如，在二〇〇九年的日本眾議員選舉時，我們主張的內容就與當時的輿論正好相反，支持幸福實現黨的人連百分之二都不到。那時候的狀況，正如電影《最後的審判》所描述的一樣。

當時的狀況是，民主黨的鳩山內閣聚集了百分之七十的支持，高舉著與我們的主張相反的政策而取得了政權。然而，獲得了百分之七十支持率的那些政策，僅過了短短三年時間，就全部崩潰了。從文明實驗的角度來看，民主黨所講過的事情全部都落空了。

在下一次的國政選舉時，恐怕誰也不會再看民主黨的公約吧！或者如果不在公約的最後一行添加一句，「這些政策的相反方向才是真實的，所以請『反過來』閱讀這本公約」的話，我想誰也不會相信的。

「公約上所寫的內容，全部是錯的！」這種事通常是不可能發生的，至少也應該有一、二個說中的。但真的很不可思議的是，民主黨的公約的內容竟然全部落空了。

再舉一個例子吧！

二〇〇八年歐巴馬參加美國總統選舉時，他就是一個很有魅力的人，所以我感覺「此人將會有人氣」。不過，在選舉投票前，我就說了「如果他成為總統的話，美國就會走向衰弱」。

為此，我還受到了住在芝加哥的幸福科學會員的指摘，此人說：「就算你是總裁，但對於一個尚未成為總統的人說出『歐巴馬成為總統後，美國就會不行了，他會失敗的』，是不是有些過份呢？」

然而，等到歐巴馬當了兩年的總統，此人又傳來了消息：「正如大川總裁所言，真是對不起，美國經濟已經搖搖欲墜了，歐巴馬真的是不懂經濟。」

就像這樣，比起住在當地芝加哥的人，有時反而是住在東京的人更瞭解狀況。

幸福科學透過電影《最後的審判》等，講述了國防等重要道理，對此，再過一段時間，人們就會全部瞭解到「原來是說這樣的事情啊！」

能夠比他人早一步看透未來，是一件很困難的事情，但之後人們就會清楚地知道其意義所在。

我的海外巡錫帶給世界的影響

一旦我進行了發言，在此之後就會實際產生各種影響。

譬如，二〇〇九年我在澳洲雪梨進行了英文講演，當時是在能容納數百人的飯店講演廳所舉行的，規模並不是很大。當時的澳洲首相很有人氣，有百分之九十的支持率，這麼高的支持率，雖然我想有可能惹怒澳洲人，但我還是正面地批判了他的政策。

因為那位首相為了吸引中國的大量資金，進而賣掉了許多土地，讓其挖掘礦石，所以當時中國買了相當多的澳洲土地。

那位首相採取了親中政策，所以我就在講演中進行了些許批判。在我的演講會過後，澳洲就突然改變了政策，開始與中國保持距離，並注意到「小心不要被買斷土地」、「亦應該考慮軍事方面的防衛」等問題。

之後他就卸任了首相一職，變成了外交部長。

此外，我於二〇一一年還在香港講述了英語法話。

當時香港的人們一味地考慮著：「是在共產化後的社會生活下去呢？還是從香港逃離到新加坡等國家呢？」因此，我在法話當中講到：「香港要改變中國！要將中國香港化！這就是你們的使命！」在會場中當然也有當地的公安警察，但我還是向一千數百人的聽眾發出了那樣的訊息。

隔年，「香港回歸祖國十五週年」之日，就有四十萬人上街頭遊行，抗議香港已經逐漸失去了「報導的自由」、「出版的自由」和「言論的自由」等等。在香港回歸之時，中國明明說過「在五十年內維持原來的制度」，然而香港卻不斷地在發生變化。

我感覺到「自己在前一年播下的種子，已經發芽了」，其影響力勢必亦將蔓延到臺灣，之後還要來到沖繩；我感覺自己播下的種子，之後都會起到化學反應。

我也想為中國和北朝鮮帶來「幸福與和平」

我雖然批判現今的中國和北朝鮮，但我絕非是為了使中國和北朝鮮的人民遭受痛苦、煩惱、或虐待才批判的。我只是在教導他們如何能享受進一步的幸福與和平，又不會給鄰近諸國造成麻煩而獲得繁榮的方法。若能按照我所說的去行事，這兩個國家一定會變成更好的國家。

擁有十三億人口的大國中國，還在進行言論統治、出版管制和資訊管制，甚至公安還檢閱網路上的內容，並透過不正當的理由逮捕國民，如此狀態是很不正常的。

佔了全球五分之一人口的國家，絕不能處於那般狀態。像緬甸那般的軍事政權，竟然遂行於擁有十三億人的國家當中，這實在是難以容忍之事。

因此，我認為「必須解放中國的國民」，才會一直講述給中國的建言。

如果按照我所說的去做，日後就勢必會有人說：「中國真的變好了！和週遭諸國的關係也變得和平順利了！」

我之前所巡錫的烏干達，中國在那裡幫忙蓋了總統府等政府的建築物，所以已經相當程度進入了烏干達。反之，日本似乎完全不把烏干達的人們放在眼裡。不過，因為我造訪了烏干達，當地出現了如此聲音，即「『中國和日本的哪一方將掌控非洲呢？』兩國現在正競相踏入非洲吧？」

當今的中國為了養活龐大的人口，就必須獲得非洲的資源和糧食。並且，中國還想確保來自中東的石油海上輸送路線（Sea Lane），想要將那一帶全部變成中國的海域。此外，中國認為「確保日本和東南亞附近的地下資源、海底資源和漁業資源等，即是本國實現大國化的生存之路」。

從他們的立場來看，如此思考或許是很自然的。然而，這必須是要與他國的協調之後，才能夠實現的；要讓中國理解如此道理才行。

譬如，現在中國人大量地購買了日本的山林；日本人並不瞭解他們的用意，但實際上「水」才是他們的目的。

因為中國的河川幾乎沒有清流了，所以中國現在正為水源不足而煩惱，將來也勢必會苦惱。然而，一旦購買了日本的山林，其中就有非常多的小河和瀑布等清流，所以就可以獲得大量的水。現在，一瓶水能夠賣到與石油差不多的價格。中國為了確保未來的水資源，所以就開始購買日本山區的土地。

或許中國有著如此國家戰略，不過，任何國家都在規劃自己國家的未來，所以我認為國家之間必須要相互做好調整。

我雖然是宗教家的身份，但我始終是一邊規劃世界的未來，一邊遂行著活動。為此，正如糸川博士所言，就必須要有「耐性」、「學習」和「與各種各樣的人相遇」。我真的感覺到，工作的規模藉此才會逐漸地擴大。

譬如，如果去了海外，就會知道「日本應該如何做」。若僅是待在日本的話，是難以瞭解的。但如果去了外國遂行工作的話，就會很明確地瞭解「日本要改變成如此模樣」，或相反地知道「必須要從日本發出何種訊息到國外」。

在這個意義上，獲得新的知識和遇見新的人們，是非常重要的。

4、學會「可使用的英語」和「可使用的知識」

若能使用英語的話，就能發揮巨大的力量

在「耐性」、「學習」、「與他人的相遇」的三個條件之中，我想要就「學習」做進一步地闡述。

正如前方所講述的，巡錫烏干達之後，我已完成了對五大洲的巡錫。

烏干達存在很多各個部落的語言，但官方語言是英語。英語是共通語言，在學校裡面學生是用英語學習，所以國民都能夠用英語進行聽說讀寫。

去了海外以後，我真的切身感受到「能說英語，竟然能發揮這麼巨大的力量！」

譬如，「能用英語講話」就意味著「能夠透過電視臺實況轉播法話」。雖然是日本人的講演，但如果使用英語的話，就可以進行實況轉播，將內容直接傳達給國民。

這不僅限於烏干達；我的英語法話，在斯里蘭卡曾被好幾家電視臺播放，在尼泊爾和印度也進行了實況轉播。

在日本，就算是宗教家用日語講述的法話，也不容易在電視臺播放，但我經歷了「在國外倘若用英文講話，就能夠進行轉播」的如此經驗。

很多日本人正在努力地學習英文，但若進一步努力，達到能夠實際使用的階段，其效果其實是很大的。如果學習到一半就放棄的話，最終還是半調子，但若能進一步努力，就能夠達到實際運用的程度。

以能夠用英語發表為目標

現在，東京大學為了更國際化，正思索讓學生能夠於秋天入學，並且打算實施英語的特別教育。這個特別計畫是，在每學年三千人左右的學生當中，從一年級升到二年級時選拔出約三百人，等到了三年級以後，再跨學院挑選出約一百人，以英語進行授課，或提供學生日後至國外留學的相關援助。此外，據說在學生畢業前，還想讓三百人以上在托福考試中，能考到一百分以上的分數。

附帶一提，年長的人當中，或許有人認為托福是「六百七十七分滿分的留學生考試」，但如今，一百二十分滿分的「新托福」（**TOEFL iBT**）已經成為了主流，年輕人就只知道這個考試。

就像這樣，東京大學似乎準備施行「語言精英教育」。然而，為了養成幸福科學學園和佛法真理私塾「Success No.1」的學生們、一般學生們、社會人士的信徒、幸福科學的國際傳道要員等的英語能力，我早就開始進行計畫了。

在最近三年的時間裡，我寫了九十多本英語教材，其目標是希望讓學習者具備在「新托福」中能考到一百分以上的能力。此外，預計於二〇一五年開學的幸福科學大學，也已經以如此水準為目標。

那麼，「新托福」的一百分，到底是何種程度的水準呢？

在這個考試中，日本大學生的平均分數是四十分左右。成績最好的東京大學，合格者的平均分數是六十分左右。

不過，在美國而言，這六十分的分數是無法考進四年制的大學，而只能進入公立的語言學校（大學、短期大學等的附屬學校）等。因此，還有人是先在那裡學了二年英文以後，才考進了四年制的大學。

要進入美國的四年制大學，必須要考到八十分左右。倘若是全美國的一流大學，就需要考到一百分。東京大學所說的「希望每年能有三百人考到一百分」，就是指這個水準。此外，若是哈佛的MBA，就需要考到一百零九分以上。

在幸福科學當中，有許多人以此為目標開始學習英文，我也為了出版第四卷的《為了留學的英文詞彙》（宗教法人幸福科學出版）等，完成了準備。

這樣的工作，通常都是事情過後才會想到，所以必須得提早做準備。

此外，各位必須還進一步累積學習，達到能夠用英語發表意見的程度。為此，有效地做出努力是很重要的。

為了能夠用英語講述法話，我本身也必須要學習英文，但我覺得只為自己的學習，而耗費時間就太浪費了。

我的時間不僅是屬於我自己的，為了亦有利於幸福科學學園和佛法真理私塾「Success No.1」的學生們、信徒們，以及國際傳道要員的幸福科學職員們，我在自己學習英文的過程中，彙編了我認為必學的單詞、片語、文法等教材。

等我回神一看，這些教材已經接近上百本了。我就是透過這樣的方式，留下了自己學習的足跡。

將資訊變成「知識」，以創造未來

關於「學習」，我還想再講述一點。

實際上有關於學習，如果僅是「為了學習而學習」的話是不行的。此外，僅是為了「獲得資訊」也是不行的。

對此，只要仔細閱讀經營學家彼得杜拉克（Peter Ferdinand Drucker）的著作就會知道，他講述了「未來存在於知識當中」。

不過，彼得杜拉克還講述了「知識並非是存在於書本當中，書本當中有的是資訊」。當然，在報紙、電視和網路當中有的，也只是資訊。

杜拉克曾說：「不要以為『獲得了如此程度的資訊，就等於獲得了知識』。那些資訊只有在與工作相連結，能夠活於用工作當中，方才會變成知識。因此，不是學了之後，能夠通過考試就好，而是必須將所學的東西與工作相連結，並產出成果。若能持續學習到能夠活用的階段，那就將變成真正的知識，其中即蘊藏著未來。」

我也是如此認為的。

我是從「要怎麼樣才能夠用英語講述法話」的觀點進行思考，並重新學習了英文，重新彙集了各種的資訊，並且教導了人們「若是這麼學習，就會有如此成效」。

總之，不僅是收集資訊，能否將所彙集的這些資訊，進而運用於工作上，才是關鍵所在。

以前，在幸福科學的職員當中，僅有兩個人能夠在國際傳道中以英語舉行講座，但現在，致力於組織性地學習英文的結果，就變得有許多人能夠用英語開講了。

我想「未來就存於其中」。

現今，世間當中存在著能成為知識之源的大量資訊。然而，不可以只是單純地觀看這些資訊以打發時間，而是必須從資訊當中，找出與自己的工作相關聯的內容、能夠創造今後工作的內容，並且將這些資訊實際運用於工作中。

一旦熟練了可用資訊的重組方法、使用方法以後，資訊就會成功轉化成知識，並且這個知識將會創造未來。各位的未來，就存在於這個知識當中。

總之，各位必須要將資訊轉換為知識而用於工作，要知道如何獲取資訊、使用資訊，並將資訊傳達給他人。若能到達如此程度，未來就將從此建立。

在教育方面亦是如此；在教育中，如果認為「只要將資訊灌輸給學生就好了，只要教導這些資訊就行了」，那是錯誤的想法。若是能讓學生學習到，如何將資訊與明日的工作、未來的工作相連結，進而掌握到知識的話，未來就從此展開。

如今，各位是生活在資訊氾濫的社會中，但切不可認為獲取了資訊就是「掌握了知識」。透過將資訊與工作相連結，妥善地整理、吸收，進而轉化為不同的東西、創造出新的價值是很重要的。各位須創造出至今世間沒有的東西，並創造新的需求。

此外，還必須要構想一個嶄新的時代，並讓世間的人們追隨那個時代。這適用於任何類型的人，好比說私小說家和評論家等作家、畫家和音樂家等藝術家、產業家、企業家等等。一旦創造了時代，並讓人們開始追隨著那時代的話，無論做什麼都將獲得大成功。

一切都存在於知識的有效運用方法中。

為了獲得知識，「耐性」和「持續」是很重要的。並且，不將努力當作是「努力」，而是視為「樂趣」，將努力變成習慣的過程中，未來就將會開啟。

第五章
希望的復活
以進一步追求未來的發展為目標

1、日本還有著力量

我將第五章的題目定為「希望的復活」，用英文來講，即是「The Resurrection of Your Hopes」。在本章的最後一章，我想要就各位的「希望的復活」進行講述。

若是以負面的角度來看待世界，過去的二〇一二年的確是嚴酷的一年。此外，或許各位也看到，日本經歷了約兩年前的東日本大震災後，現在好不容易才重新站起來了。

不過，首先我要和各位說「即便暫時性地發生了壞事，但世界整體是在往前進的」。

近年來，世界各地都流傳了「根據馬雅曆法，二〇一二年是世界的末日」這類的謠言。的確，若是觀看自然災害，或是各地區的戰爭等等，會感覺到世界在往壞的方向前進。然而，我認為未必是如此。

有很多人是透過報紙、電視或雜誌等，來掌握日本和世界的狀況。但媒體有著以惡性事件為中心進行報導的傾向，對於好事常常是隻字不提。

譬如，關於東日本大震災亦是如此。僅觀看電視的話，會感覺東日本遭到非常嚴重的天災，似乎是無法復興了。但震災過去二個多月後，我巡錫了仙台，發現仙台的街道根本沒受到什麼影響。但這部分沒有被報導出來，所以人們不知道仙台也有沒受到影響的街道。

更何況是身在海外的人們，就更是無從得知了。其中，據說還有人因為反覆看到電視中海嘯的影像，而誤認為「是不是連東京都被海嘯沖毀了？」

然而，日本是還有著力量的。為了對此做出證明，我到了海外進行講演。（注：二〇一一年五月到了菲律賓和香港，同年九月到了新加坡和馬來西亞，同年十一月到了斯里蘭卡，二〇一二年六月到了烏干達，同年十月則是到了澳洲巡錫。）

這個國家是還有著力量的，實際上是還有著許多潛在力量的。並且，如今日本所處的立場，是不可以只思索自己國家的事情。

在世界各地，正發生著各種事件、災害和紛爭。或許各位會認為，那和自己沒有什麼關係，但在現實當中，有很多人們在向日本尋求拯救，對此各位不可不知。

之前我去烏干達的時候，就聽到了那樣的聲音。

人們聽到本會的教義時，會感覺「幸福科學常出現許多宗教家或偉人的教義」，單純地認為我們就是某種類型的宗教，但烏干達的人們率直地認為「如此教義即能讓人們團結在一起」。

他們認為：「因為各個宗教各立山頭，導致不斷發生內戰和戰爭，人們已經受夠了。我們想要在幸福科學之名下團結在一起！」

我希望幸福科學能夠幫助到他們。

2、透過「精神革命」拯救世界

全世界存在著「兩個重大問題」

全世界現在有著兩個重大問題，一個是「不相信神的唯物論勢力」與「相信神的國家」之間的對抗問題；另一個是「在彼此皆相信神的國家當中，因為神的名字的不同而相互對立，無法和解，歷經了一千年、兩千年的歷史。人們想要為那戰爭打上休止符的問題」。

總的來說，就是這兩個問題。不管是哪一個問題，皆和「信仰」有著關係。

對於「是否相信神和另一個世界」的問題，最終只能選擇「相信」或「不相信」，二者選其一。但各位在選擇之際，必須要重新回到原點，思考「到底如何才是人的應有之姿」。

藉由證明靈界的存在，戰勝無神論國家

現在，日本正在進行一個革命，那就是一個藉由出版眾多的靈言集而展開的革命。

關於「另一個世界的存在」，過去有許多人透過各種各樣的形式，向世間展示了一部分證明；亦有許多宗教做出了證明。

然而，現今我以幸福科學為中心所做的，是想要「徹底地」證明靈界的存在。

據說，雖然有人能讓人們相信有另一個世界的存在，但迄今為止，沒有人能具體證明有靈界的存在；而我們現在就是在進行那般的證明。

這三年多以來，我陸續出版了一百多本的靈言集。靈人們的個性、想法，是各種各樣的。其中，既有已故偉人的靈言，亦有尚活於世間之人的守護靈的靈言；最近還出版了地獄靈的靈言。

這般現象雖然是非常珍稀之事，但如今我已進入了徹底的證明階段

中。至今世界上還沒有任何一個宗教，能做到如此的程度。而我有著使命，要完成這個艱難的工作。

這就是在日本進行的「精神革命」。與此同時，我希望以和平的方式，結束方才提到的「無神論國家」對決「有信仰國家」的戰爭。

換言之，「神，以及支持神的高級諸靈和天使們是存在的，祂們正從超越世間的世界當中，保護著生於地球的人們」，接受或不接受如此人生觀的國家或國民，到底哪一方是正確的？藉由做出正確的結論，世界一半的紛爭將會永遠消失。

現在日本正面臨著一個令人擔憂的問題，那就是唯物論國家所展開的霸權主義。正如同二〇一二年的人氣電影《最後的審判》所描述的一樣：「唯物論國家正在拓展霸權主義」；這個問題當中存在著未來的危機。

對此，各位會感到很恐懼吧！但是，恐懼絕對無法戰勝信仰！今後我將對此做出證明。

給予身為神子的所有人自由

二〇一二年夏天，在日本上映了一部描述翁山蘇姬一生的電影，片名是《以愛之名》（The Lady）。那是關於一位女性被軟禁於家中近二十年，但持續為了緬甸的民主化而奮鬥的故事。

她和住在英國的親人分開獨自回到緬甸，投身到民主化運動中。雖然她率領的政黨在選舉中取勝了，但軍事政權卻拒絕轉讓權力，並將她軟禁在家中。

在軟禁期間，她的丈夫罹患了癌症。但她知道若是前往英國的話，就再也回不來緬甸了，所以她明知無法與丈夫見面，而決定一直待在祖國；這電影就描寫了她如此奮戰的故事。

此外，這電影清楚地描述了「在軍事政權之下，即便是贏得了選舉，也一點都不管用。即槍口之下，選票無用」。

她花了二十年的歲月，終於讓緬甸結束了那般的狀態。現在，好不容易才走向好的方向。

中華人民共和國的創立者毛澤東曾說過：「槍桿子裡面出政權。」然而，如此想法絕不可一直持續下去。

現今緬甸歷經了二十年的歲月，終於從軍事政權轉向了民主化。但與此相反，現在仍有軍事獨裁國家有著更大的野心，試圖想要稱霸亞洲、非洲，甚至是大洋洲。

我可以舉出這類國家的名字。當然一個是中國，另一個是北韓。然而，若能讓他們理解到真相，將來就能避免戰爭。

為此，不管是在北韓、中國、香港，或是臺灣，幸福科學的信徒正透過真理的話語，進行著和平的戰爭。我們皆由衷地希望能為該國人們指明「正確之路」，並讓人們知道真實的世界，從而遂行著活動。

實現自由和民主主義、認同言論、出版的自由和信教的自由，從軍事獨裁制、一黨專政制走向多數政黨制，這麼做才能讓人民幸福；我們必須要告訴、教導他們這一點。

現在正是時機。

如今，在北韓的兩千萬人當中，也有幸福科學的信徒，他們正孤軍奮戰中。我絕不容許這個國家，將這兩千萬人都當作囚犯對待，我想要給予他們自由。

此外，有超過十三億人口的中華人民共和國亦是如此。中國在經濟的成長方面，持續留下了不錯的成績，但卻讓佔有世界五分之一的人口，侵染上了唯物論、無神論，即「神不存在，只有此世，只有物質」的思想。對此，神是絕對不會容許的。

因此，必須要讓中國和北韓的當政者，瞭解到「人是神子」。對此，若是他們瞭解到了，就必須要給予人民自由。

中國的民眾並非是敵人，而是我們的友人，必須要給予他們信仰的自由，必須要給予他們思想的自由。倘若他們覺得國家的政策是「錯誤的」，就必須要給予他們進行批判的自由。

此外，當政者應該傾聽如此批判。如果覺得批判是「正當」的話，就必須改變自己的想法。如果認為「即便遭受到批判，但推動如此思想是為了國民的利益」的話，就必須要說服國民。

藉由相信「神佛之心」，讓世界合而為一

但現在我看到的中國，只想著以強大的軍事力量為背景，確保將來能夠從亞洲、非洲、南美洲和澳洲等國獲得充足的糧食和能源。

然而，我們有權力和義務，生活在更和平、更友好的世界中。世界的人們，是可以過得更友好的。

如今在釣魚臺的問題上，根據中國的輿論調查（於二〇一二年七月當時），有百分之九十點八的人都堅持認為「哪怕發動戰爭，亦必須維護中國的主權」。

但即便在那樣的狀況下，還是有許多的中國人來到日本。不管是在銀座、皇居的附近、明治神宮、六本木、或是新宿，都有著大量的中國遊客。由於為數眾多的中國人來到百貨商場購物，在各大商場裡面都聽得到中文的廣播；日本不會對中國人，做出任何加害的行為。

請各位理解到「像日本這般友好的國家，現在還是存在的」。

我們是可以友好地生活的。為此，我認為必須要藉由相信超越世間的神佛之心，讓世界合為一體；這是很重要的事。

3、要樹立國家的「繁榮目標」

日本亦能夠拯救先進國家

日本是一個非常好的國家。

譬如，與方才提到的翁山蘇姬的國家相比較，日本真的是非常好的國家，經濟也很潤澤。不僅如此，日本還擁有投票的自由。

人們甚至有著自由，可以讓神佛指導的幸福實現黨的候選人落選。總之，日本是如此自由的國家，即便是沒有支持幸福實現黨，人們也不會因此被殺。（不過，今後是否會遭到天罰，這我就不知道了。）

此外，還有著「多種思想可以對立」的自由。

對於執政黨，我們亦可以贊成或反對。

但是，不論說出何種意見，都會產生各種的影響。在各種影響力的結果下，決定了各種政策，於是未來就將慢慢成形。雖然速度很慢，但世間在一直變化。我認為這樣的國家，並非是不好的國家。

並且，日本人有著道德心，意即有著某種意義的精神性。唯一不足的就是，人們尚未超越道德心，進到「純粹的信仰」的境界。

如今，若是日本人能夠抱持著對世界表達意見的「純粹的信仰」，並且那信仰是蘊藏著繁榮的話，那麼我所講述的教義就能夠拯救全世界。其他的亞洲各國、非洲各國、北美洲、南美洲和歐洲的各國，都能夠予以拯救。能夠拯救貧窮的國家是理所當然的，但我們亦能夠拯救先進國家。

譬如，如今歐洲捲入了政治與經濟的危機。然而在國際社會當中，日本的言論力幾乎為零，那是因為沒有人發言。倘若有人敢於發言，就有可能解救歐洲的危機。

此外，就算是對於美國，也都還有商量的餘地。

如上所述，當今的日本需要一股力量來領導世界。因此，日本絕對不能夠衰退。我相信就算是有一些天變地異，或是發生國際的紛爭，日本都必定能夠克服。

日本絕不會走向經濟衰亡

如果日本能夠將經濟成長提高至兩倍以上的話，那麼藉由稅收的增加，財政赤字的問題或許也會完全消失。

並且，雖然政府的財政是赤字，但日本是世界上最大的債權國之一。從整體上來說，日本還是黑字國家。

因此，日本絕不會走向經濟衰亡。與希臘、西班牙，義大利等國家相比，日本有著根本不同的經濟構造。因為日本整體上是黑字的，所以經濟上是絕對不會崩盤的。

當然，財政當局正在思考「為了減少自己的借債，要如何改變經濟構造、增加稅收」。從某種意義上說，那是很自然的事情，誰都會這麼思考。譬如說，不管任何公司的經營者，都希望「收入多過於支出」。

然而，如果僅能想到「增稅」的話，就只能說是外行了。

如今，日本的消費稅為百分之五，的確，和歐洲或其他發達國家相比，那稅率看似很低。為此，將消費稅提高至百分之八、百分之十等，好像也不足為奇。

不過，那是因為歐美人不知道「日本還存在著隱藏的稅金」。除了稅金以外，日本人還要負擔年金，以及各種醫療方面的健保費，這些都是隱藏的稅金。對此不知情的外國人，僅看到日本的消費稅率，就直言「日本的消費稅還很低」。

但如此想法，其實是不對的。

讓我來列舉證據吧！

假如日本的稅率真的很低的話，那百貨公司裡面就不會只有中文廣播，還應該會有英文廣播才對啊！但實際卻並非如此。換言之，歐美的資本家們是不願意住在日本的。

請想想那理由是什麼？那是因為日本的稅金太高了，對他們沒有好處。因為日本的法人稅、所得稅和遺產稅等皆很高，所以他們都不願住在日本。

總之，我必須要說「若是無法吸引來富裕之人前來，國家就不會有進一步的繁榮」。

不只是恢復原狀，還要追求進一步的繁榮

現今，日本國民正蒙受著巨大的損失。

在小泉執政期間，日本的平均股價都在一萬六、七千日元。但時至二〇一二年七月，平均股價曾跌破八千五百元。這意味著「擁有股票的個人或公司的資產變成了一半」，國民的存款和財產都在不斷地減少。

更為糟糕的是，在消費稅率上漲之前，電費已先調漲了。由於二〇一一年福島核電事故的影響，電力公司停止了核電，從而採取更多使用石化燃料的火力發電。其結果，燃料費大增，導致赤字，因而就大幅度調漲了電價。

若是有任何一個人說出「至今沒有任何人是直接死於輻射的啊！」的話語，之後就會有日本國民對如此發言感到憤慨。然而另一方面，即

便一天之內有數百人因為節省能源而中暑，進而被送到醫院，其中還有好幾個人因此過世，但日本國民對於這憾事不到一天就忘了。人們分不清事情的大小，這實在是非常地遺憾。

如今，日本應該追求進一步的繁榮，日本必須樹立國家的繁榮目標。如此繁榮，不止是使本國人民富裕，同時亦將成為國防的力量，成為將正義傳到全世界的力量；希望各位將此銘記於心。

不只是回顧過去，恢復成原來的樣子就好，而是必須要進一步地發展未來。這才是幸福科學誕生於日本的理由，正也因為如此，我堅信日本能夠成為拯救世界的力量。

讓我們一同努力吧！

後記

「未來將建立在我的話語之上！」

我透過日語和英語，不斷重複地講述著如此聖句。

不論是誰說什麼，我都是希望的主、是開悟的佛陀、是最大的救世主。

「怎可灰心喪氣！」和「積極的生活態度」，這亦是我本身的信條。

藉由那試圖創造未來的「心的力量」，我們必定能夠建立「新的社會」。

現在是時候告知世人，抱持「信仰」的真正意義了。

幸福科學集團創始人兼總裁　大川隆法

What' s Being 026

未來之法

國家圖書館出版品預行編目（CIP）資料

未來之法 / 大川隆法著 ; 幸福科學經典翻譯小組譯. -- 初版. -- 臺北市 : 信實文化行銷,2013.04

面； 公分 ——（What's being；26）

ISBN： 978-986-6620-84-3（精裝）

1. 新興宗教 2. 靈修

226.8 102005815

作者 大川隆法
譯者 幸福科學經典翻譯小組
總編輯 許汝紘
副總編輯 楊文玄
美術編輯 楊詠棠
行銷經理 吳京霖
發行 楊伯江
出版 信實文化行銷有限公司
地址 台北市大安區忠孝東路四段 341 號 11 樓之三
電話 （02）2740-3939
傳真 （02）2777-1413
www.wretch.cc/ blog/ cultuspeak
http://www. cultuspeak.com.tw
E-Mail cultuspeak@cultuspeak.com.tw
劃撥帳號 50040687 信實文化行銷有限公司

印刷 彩之坊科技股份有限公司
地址 新北市中和區中山路二段 323 號
電話 （02）2243-3233

總經銷 聯合發行股份有限公司
地址 新北市新店區寶橋路 235 巷 6 弄 6 號 2 樓
電話 （02）2917-8022

若想近一步了解本書作者大川隆法其他著作，法語等，
請與「幸福科學」聯絡。
社團法人中華幸福科學協會 地址：台北市松山區敦化北路 155 巷 89 號
電話：02-27199377 電郵：taiwan@happy-science.org 網址：www.happyscience-tw.org

2013 年 4 月 初版
定價 新台幣 320 元